Faszination 1 -

so macht Rechnen Spass

Impressum

Zweite Ausgabe: [August 2024]
Druck: [August 2024]
Autor, Kontakt: David : Barfuss
david.barfuss@protonmail.com

Verlag: BoD • Books on Demand GmbH, In de Tarpen 42, 22848 Norderstedt
Druck: Libri Plureos GmbH, Friedensallee 273, 22763 Hamburg

ISBN: 978-3-7597-2372-7

Die automatisierte Analyse des Werkes, um daraus Informationen insbesondere über Muster, Trends und Korrelationen gemäss §44b UrhG („Text und Data Mining") zu gewinnen, ist untersagt.

Die Definition der Worte in diesem Dokument liegt allein beim Verfasser.

Inhaltsverzeichnis

Verzeichnis der Änderungen:

Diese Liste wird für Lehrer und Eltern geführt, die eine erste Ausgabe des Buches gekauft haben und nun neue dazu bestellen:

So siehst Du sofort, wo es Änderungen, Updates und Verbesserungen gegeben hat.

[Aug. 24]   Bildkorrekturen (Hinterfrage alles)

Weitere Literatur für Kinder

- **Faszination 1:** So macht Rechnen Spass
- **Faszination 2:** So macht Merken Spass: Grundlagen
- **Faszination 3:** So macht Merken Spass: Zahlen merken
- **Faszination 4:** So macht Merken Spass: Vornamen merken
- **Faszination 5:** So macht Rechtschreibung Spass*
- **Faszination 6:** Staunen*

Weitere Literatur für die neue Zeit

- **Werkzeuge der neuen Zeit–Kommunikation und Beziehung***
- **Gesetz der Anziehung:** Ich erschaffe mir meine Welt, so wie sie mir gefällt.
- **So macht Zusammenwohnen Spass***
- **Heilung Männer und Weiber, Trilogie***

Literatur für kritische Bürger

- **5G von allen Seiten:** Was bedeutet Mobilfunk für Kinder, Tiere, Bäume, wie kann man ihn vermeiden und wie kann man sich schützen
- **5G -Schmerz und Heilung:** Berichte von Menschen, die aus dem elektrohochsensiblen Zustand wieder in ein lebenswertes Leben gefunden haben..
- **Wahlen und Abstimmungen:** Ein Krimi. Oder: Wie kann man die Wahlen und Abstimmungen eines ganzen Landes ganz einfach stehlen?

* Diese Bücher erscheinen in Kürze (April 2024)
  Vorbestellungen möglich.

Zeit der Wende

Von Beate Lambert
mit Zitaten von Friedrich Schiller

Dieses ist die Zeit der Wende,
nun zählt Klarheit, Kraft und Mut.
Viele Herzen, viele Hände
voller Sanftheit und voll Wut.

Du bestimmst
und du entscheidest
welchem Geist du angehörst.
Ob du leise weiter leidest
oder endlich dich empörst.

Stimm mit ein in unser Singen,
voller Jubel und Vertraun.
Dann wird es Dir auch gelingen,
voller Mut nach vorn zu schaun.

Und dein Leben so verändern,
dass unsere Erde heilen kann.
Seit an seit in allen Ländern
fangen wir den Umschwung an.

Taube Ohren für die Spötter
und die Sucht nach Macht und Geld.
Wir sind uns're eignen Götter,
unsre Herzkraft heilt die Welt.

Alle Tiere, Menschen und Pflanzen
mögen wachsen und gedeihn.
Wir sind Teil des grossen Ganzen
und bereit, dabei zu sein.

Das Bewusstsein ist gestiegen
und bald kommt die neue Zeit.
Dann geht es nicht mehr ums Siegen,
sondern um Verbundenheit.

Folg den Kindern und den Frauen,
weil sie für das Leben stehn.
Und sich jetzt nun endlich trauen,
voller Kraft voran zu gehen.

Groll und Rache sei vergessen,
unserem Todfeind sei verziehn.
Auch wer nur profitversessen,
achte und verstehe ihn.

Denn du weisst, er ist getrieben
von seiner Schuld und seiner Angst.
Du aber bist frei zu lieben,
wenn du nicht mehr länger bangst.

Freude heisst die starke Feder
in der ewigen Natur.
Freude, Freude treibt die Räder
in der grossen Weltenuhr.

Sie gibt Kraft zu handeln
voll Verbundenheit und Mut.
Unsre Welt zu wandeln,
dann wird alles gut.

Im Sommer 1785

Vorwort:

Nachdem ich aus einem – scheinbar – behüteten Dorf in einer – scheinbar – intakten Familie aufgewachsen bin, ist meine Trauer und Einsamkeit im Laufe des Gymnasiums auf Rekordwerte gestiegen.

Eine meiner früheren Kolleginnen hat damals Selbstmord begangen, ein guter Freund von mir ist in die Drogen abgestürzt und danach daran gestorben.

Doch – scheinbar – dem Anschein nach, an der Oberfläche – war es die Blütezeit der westlichen Zivilisation. Jeder konnte ein Auto kaufen, die Läden waren voller farbiger Produkte, so dass nur schon die Auswahl einen überfordern konnte.

Ich war angepasst, habe meine Pubertät aufgeschoben und unterdrückt und hatte absolut keinen Plan, wie ich den Mädchen näherkommen sollte, jeder Versuch ist schmerzlich gescheitert.

Da war keine Männerkraft, die mich liebevoll an der Hand genommen hat und mir die Welt gezeigt hat, die mir den Männerstolz vermittelt hat. Da war haufenweise Beschämung meines Wesens von allen Seiten.

Irgendwie habe ich mich durchgemogelt, wusste oft auf die Minute genau, wieviel ich noch lernen musste, damit ich eine 3.75 im Schnitt erhielt, die auf eine 4 aufgerundet wurde.

Die Antworten der Lehrer konnte ich oft fühlen, ich wusste, dass ich es nicht wusste, aber die Antwort kam mir trotzdem in den Sinn, die Forchbahn, das Tram, das uns ins Gymnasium gefahren hat, kam oft zu spät und auch da fühlte ich, ob ich rennen musste, oder nicht, um sie gerade noch zu erreichen. Das war ein Spiel, was ich mit mir spielen konnte und welches mir niemand verboten hat.

Insgeheim hatte ich auf eine Erlösung gewartet. Die Matura war ein Abschluss, aber keine Erlösung und ich habe mich gefragt, was in meiner Ausbildung schief gelaufen ist...

Eine traurige Angelegenheit, wenn man bedenkt, dass allein der Lohn der Lehrer geschätzte 100'000 Franken pro Kind kostet und die Kinder damit 7 Jahre beschäftigt gehalten werden – aber vor allem für oft kaum auszuhaltenden Schmerz und die Einsamkeit, die ich in dieser Zeit gefühlt habe.

Maria Montessori sagt, dass das ganze Leben der Spielplatz ist, da geh ich mit ihr absolut einig – ich spüre heute noch den Ärger darüber, dass meine Grundschullehrerin mir die Spielsachen weggenommen hat. Ich konnte nur lernen, wenn ich mich bewegen konnte, wenn ich etwas machen konnte. Das war aber nicht gefragt. Ich musste stillsitzen. Das ist noch heute nicht mein Ding.

Mein Studium an der ETH, wo ich Informatik, Psychologie, Physiologie, Recht und sonst noch ein paar spannende Fächer wie Mathematik, Physik und Robotik sowie Elektrotechnik studiert habe, konnte nur gelingen, wenn ich nebenher gearbeitet habe, mich bewegen konnte, Dinge erforschen konnte. Das Studium allein hätte ich nie geschafft, mein Hirn hat zur optimalen Funktionsweise immer wieder kurzfristige Belohnungen und Abwechslung gebraucht, und was noch viel wichtiger war:

Zuneigung.

Ich erinnere mich ans Gymnasium: Beim ersten Mathematik-Lehrer, Peter Geiger, hatte ich fast durchgehend eine 6 – das ist die beste Note in der Schweiz, im Gegenteil zu vielen anderen Ländern.

Im 3. Jahr wurde der abgelöst durch einen kleinen Kerl, der Asterix ähnlich war. Für ihn war die ganze Welt binär: Wahr oder gelogen. Richtig oder falsch. Er war sehr streng, zuerst mit sich selbst.

einen Humor muss ihn irgendwo auf seinem Weg verlassen haben, zumindest konnte er diesen nicht zeigen, sollte er noch ein Stück davon behalten haben. Um ihn ein bisschen aus der Reserve zu locken, habe ich sein Fahrrad in einer Mittagspause auf das Vordach des nebenstehenden Betongebäudes der neuen Kantonsschule Stadelhofen gehievt.

Er war sehr hilflos damit, sehr zu unserem Vergnügen. Er wusste nicht, wers war, und niemand hat es ihm gesagt. Auch als die Schulleitung Druck ausgeübt hat – niemand hat gepetzt.

Er war ähnlich hilflos, wie das niedere, graue Betongebäude darin war, die Schüler zu Würde, Grösse und Menschlichkeit zu inspirieren.

Bunker können das wohl naturgemäss eher weniger.

Und noch ein Gedanke: Wer hat sich, zum T. ausgedacht, dass eine 6 die beste Note sei? Im Sport ist die Erste die Beste. Im Erben der Erstgeborene derjenige, der je nach Kultur Haus und Hof erbt – z.B. im Kanton Bern – diese Erbregelung sieht man noch heute auf Google-Maps – die Höfe sind gross geblieben – ganz anders als im Kanton Wallis, wo das Erbe auf alle Kinder aufgeteilt wurde.

Und wenn es schon umgedreht wird, warum gerade auf die 6?

Und woher kennst Du diese schlängelnde 6 noch – ist es vielleicht ein Code?

Aber das ist ein ganz anderes Thema, ich gebe Dir diesen Gedanken mit.

Wenn Dinge umgedreht wurden, dann betrachte ich das heute als Intelligenztest und die Umdrehenden als Bewusstseinstrainer, die uns helfen, wieder ganz genau hinzuschauen, zu erkennen, was wir nicht mehr wollen und daraus zu entwickeln, was wir wollen.

Das bedingt Klarheit, jeden Tag ein Stück mehr.

Dieses Buch habe ich geschrieben, mit der klaren Absicht, dass die neue Generation sich nicht mehr so verwirren lässt wie es mir geschehen ist, dass sie ihre Freude bewahren kann, das Lachen, das verspielte, den Forschergeist.

Wer sich entwickeln will, muss sich orientieren, von seinen Gedanken ins Fühlen kommen, vom Kopf ins Herz – die Traumaheilarbeit macht es uns vor:

Um sich zu orientieren, müssen wir wissen, wer wir sind und woher wir kommen.

Dafür braucht es einen klaren Geist, der noch aufnahmefähig ist, es braucht offene Augen und Ohren und ein fühlfähiges, fühlwilliges Herz.

Es braucht die Fähigkeit, selbst denken zu können, wie das früher an den Schulen noch gelehrt wurde – z.B. mit dem Trivium – einer genialen Denkschule.

Und es braucht den kritischen Geist, zu hinterfragen, ob etwas wahr ist, warum jemand etwas sagt – respektive, was sein Gewinn dabei ist. Es ist not-wendig, dass wir weiterfragen, nach eigenen Erfahrungen und dass wir auch andere Menschen fragen, über ihre Erkenntnisse, Erfahrungen und ihr Wissen.

Als ich vor Jahrzehnten meine Pilotenlizenz gemacht habe, war ich sehr ambitiös – ich habe auf dem Dach des Trainingslokals geschlafen und mit vielen der Lehrer gearbeitet – normalerweise hätte ich einen Lehrer zugeordnet erhalten und dann nur mit dem gearbeitet, doch mein Zeitplan liess das nicht zu. Das hat zu einem spannenden Ergebnis geführt: Ich habe bei jedem Lehrer seine Ängste, geistigen Lähmungen und kognitiven Löcher erkennen können und gleichzeitig seine Superkräfte entdeckt. Wo der eine auswich, da hat der andere erst mit Begeisterung angefangen.

Das war mir eine Lehre!

Wenn ich heute Holzarbeiten im Freien mache, die Jahrzehnte halten sollten, oder Rohrstücke in den Untergrund betoniere, wenn ich Steinplatten verlege oder solche Bücher schreibe, dann frage ich viele Holz- oder Gartenbauer, ich frage verschiedene Strassenbauer und konsultiere so viele erste Quellen, wie möglich für die Bücher.

Wenn diese Quellen dann noch verschiedener Herkunft, verschiedene Jahrgänge, Hochschulgebildet und Handwerkergebildet, Männer und Weiber sind, dann beginnt die Freude am Forschen:

Ich kann zum Schluss wirklich wählen und beginne damit angemessene Lösungen zu entwickeln, ich kann anfangen zu spielen, ich kann Dinge auf verschiedene Arten lösen, grad so, wie es passt, wie es mir gefällt, wie es den Rahmenbedingungen angemessen ist.

So gelingt es auch, einfachere Lösungen der Art «So hat man es immer gemacht» auszufiltern. Das Optimale entsteht dann, wenn ich darüber noch schlafe, also nicht voll durchziehe – oft kommt beim Einschlafen oder Aufwachen noch eine gute Erkenntnis dazu.

Wenn das gelingt, dann fühle ich Schöpferkraft in mir, die Freude am Erschaffen, Gestalten und lerne dabei – ganz ohne dass ich es merke – an der Praxis und in der Praxis.

Nach solchen Tagen erfüllt mich eine tiefe Zufriedenheit.

Möge das Dir und Deinen Kindern im Lernen auch immer mehr gelingen.

Und zu guter Letzt: Dieses Buch ist der Anfang einer längeren Reihe. Es ist ein Dialogangebot. Ich bin neugierig, von Dir und Deinen Kindern zu hören, was funktioniert, und was durch Euch verbessert werden konnte. Ich möchte Lösungen sammeln, damit wir mit Varianten spielen können. Ich möchte mit Dir Ping-Pong spielen, und mich mit Dir freuen, wenn Du mir einen etwas schärferen Ball mit links zurückspielen kannst.

Dieses Buch ist also eine Einladung zum Tanz, Dialog und Spiel.

Ganz herzlich,

David Barfuss

Wie lernt man am besten?

Um optimal zu lernen, ist es not-wendig, zu verstehen, wie unser Hirn und unser Körper funktionieren.

Und es hilft, von denen zu lernen, welche die Superlerner unter uns sind. Die Superlerner unter uns lernen 10-15 Mal besser und schneller als die besten Studenten.

Auch Du warst ein Superlerner, und zwar als Baby.

Babies haben wunderschöne Eigenarten, die man ihnen in diesem Alter auch noch nicht abtrainiert hat:

- Sie wachen auf und sind meist sofort fit und unter-nehmenslustig und wenn sie müde sind, fallen sie fast sofort in den Schlaf, egal, wo sie sind.
- **Forschen:** Sie erforschen alles, was sie finden und greifen können: Nehmen es in die Hand, um es zu begreifen, nehmen es in den Mund, um es zu kosten und zu prüfen, ob es hart oder weich ist,
- **Spielen:** Sie spielen damit, werfen es auf den Boden und sind neugierig, was passiert.
- **Emotionen:** Sie lachen viel und sie weinen oft genau so viel – das heisst, sie sind ihren Emotionen sehr verbunden.
- **Lachen:** Beim Lachen ziehen sie die Mundwinkel hoch und entspannen damit 27 Muskeln im Gesicht, was wiederum dazu führt, dass die Neurotransmitterproduktion im Hirn angeregt wird – das sind die Stoffe, die uns helfen, Neues ganz schnell zu lernen.

- Zusätzlich ist das Hirn so eingestellt, dass wir glücklich sind, wenn wir neues lernen. Das wäre auch bei den Erwachsenen noch so, wenn ihnen das nicht verdorben worden wäre – die meisten Erwachsenen haben jedoch Freude am Shoppen, dort ist auch die Freude am Neuen der bestimmende Faktor. Der Nachteil am Shoppen ist: Die Räume füllen sich, das Portemonnaie lehrt sich, und meist schon ein paar Stunden später merkt man, dass man gar keinen Bedarf hat. Ab dann braucht das neue Stück Platz, vielleicht Wartung, ab und zu neue Batterien – sprich: Es kostet noch mehr Geld.

- **Zeitabschnitte:** Wer in Zeitabschnitten von 20 Minuten lernt, holt das Optimum aus der Zeit heraus: Von jedem Zeit-Abschnitt, in welchem wir lernen, können wir uns die Inhalte der ersten und der letzten 5 Minuten am besten merken.

- Wenn eine solche Zeiteinheit von 20 Minuten vorbei ist, dann ist es optimal, wenn wir uns bewegen, die Muskeln aktivieren und die anderen Sinne wieder einbringen – das muss nicht lang sein.

- **Bewegung:** Eine mögliche Übung ist, die Finger spazieren zu lassen: Wir bringen den linken Daumen zum rechten Zeigefinger und den rechten Daumen zum linken Zeige-finger. Dann lösen wir das untere Fingerpaar, verdrehen die beiden Hände 180° gegeneinander und bringen die beiden geöffneten Finger oberhalb wieder zusammen. Erneut lösen wir das untere Fingerpaar, verdrehen die beiden Hände um 180° gegeneinander und bringen sie oberhalb wieder zusammen.

Diese Übung macht Spass, bringt uns in den Körper und bringt die beiden Hirnhälften in Synchronisation.

- Wer diese steigern will, der macht mit den Daumen und Mittelfingern das gleiche Spiel und geht dann immer weiter bis zu Daumen und kleinen Fingern.

- **Ernährung:** Wer viel lernen will, verzichtet eher auf Monosacharide, also Einfachzucker wie sie in Schokolade, Süssigkeiten und Brot vorhanden ist. Der wird schnell abgebaut, gibt uns ein Zuckerhoch, in welchem wir ein bisschen high und übermütig sind, und lässt uns danach wieder in die Trägheit fallen. Viel besser sind Zuckerarten, die langsam abgebaut werden – Porridge kann das. Damit hat der Körper und der Geist nicht diese starke Achterbahnfahrt, sondern erlebt eher eine gleichmässige Kraft, die ihn vorwärts trägt, so, wie in der Mitte eines Flusses.

- **Weiter, offener Blick**: Der unbekannteste Faktor ist der weite offene Blick, im Gegensatz zum starren Blick:
Stell Dir vor, Du musst ein Verhör machen, der Angeklagte ist noch nicht so sehr fürs Geständnis motiviert und blickt in eine Ecke. Du willst den Blick stärker machen, fokussierst auf seine Augen, lehnst Deinen Oberkörper vor, streckst Deinen Kopf nach vorn. Eine ähnliche Haltung nehmen wir beim Lesen ein. Das ist der fokussierte Blick. Wenn wir diesen einnehmen, dann generiert dieser Stress im Körper und im Geist. Stress heisst auch, dass die Körperzellen in dieser Zeit nicht heilen, die Verdauung stagniert, das Grosshirn erhält weniger Blut, die grossen Muskeln der Beine, der Arme, des Bauches und des Gebisses sind jedoch voll aktiviert und das Kleinhirn, welches für die körperliche Integrität, unsere Sicherheit,

Kampf, Flucht oder Erstarren, respektive automatische Reaktionen zuständig ist, wird voll aktiviert. In bedrohlichen Situationen lernen wir nicht, wir verwenden das gelernte, um zu überleben.

Das Gegenteil davon ist ein weiter, weicher Blick. Monalisa machts vor, in manchen Meditationsschulen wird es gelernt, die Indianer haben fast immer so geschaut: Du schaust in dem Moment zwar Richtung Baumstamm, aber Du nimmst im peripheren Bereich der Augen auch wahr, wie die Blätter der Krone sich im Wind bewegen, wie die kleinen Bienen, Mücken und Fliegen darin herumschwärmen. Das reduziert den Stress, das Herz wird offen, wir lassen den Schutzpanzer hinter uns und werden weich und berührbar – das heisst, Informationen, Bilder, Wahrnehmungen, Gefühle und Empfindungen können in uns eindringen, weil der Panzer nicht aktiviert ist.

Wenn wir also lernen, egal, ob wir lesen, schreiben, rechnen oder singen, dann ist dieser weite Blick einer der grössten Erfolgsfaktoren.

Das Hirn kann pro Sekunde etwa 11 Millionen Informationen aufnehmen. Wenn wir mit fokussiertem Blick einzelne Buchstaben oder Zahlen aufnehmen, dann reduziert sich das auf etwa 5 Byte pro Sekunde, also etwa 5 Buchstaben oder Zahlen.

Anders beschrieben würde das heissen: Du kannst das mit Kreide auf den Boden gemalte Wort lesen – damit bist Du mit fixiertem Blick bei den 5 Buchstaben pro Sekunde.

Oder Du liest es mit offenem Blick, respektive offenen Sinnen und hörst gleichzeitig die Vögel singen, nimmst die Nuancen des Bodens war, siehst die Kreide daneben liegen, spürst den Wind in Deinem Gesicht und die Füsse auf dem Boden.

Wenn Du das alles beschreiben musst, dann wird das ein kleiner Aufsatz – so viel Erfahrungen hast Du in der kurzen Zeit gemacht.

«*Bilder sagen mehr als Worte*», sagt man.

Oder auf Englisch: «*A picture is worth a thousand words*" – und das ist tatsächlich wahr, messbar, und für uns nutzbar.

Ein weiterer unterstützender Faktor beim Lernen ist die Tatsache, dass Wissen, was wir erworben haben, dann richtig stark vertieft wird, wenn wir es weitergeben.

Vor hundert Jahren waren die Schulklassen viel grösser, oft waren 50 Kinder in einer Klasse – und alle Alter waren gemischt – kein Dorf hatte 50 Kinder des gleichen Jahrgangs.

Das hat dazu geführt, dass die älteren Kinder, oder besser, die Kinder, die etwas schon konnten, dieses Wissen den kleineren Kindern, oder besser denen, die etwas noch lernen wollten, beigebracht haben. Das hat den Lehrer entlastet, und die Kinder, die ihr Wissen weitergegeben haben mit Freude und Selbstwert erfüllt. Sie konnten etwas. Und sie haben gelernt, es zu vermitteln.

Die Kinder, die etwas gelernt haben, wurden dabei nicht für ihre Fehler vor allen anderen blossgestellt, sondern von einem anderen Kind begleitet.

Wenn man heute solche Klassen führt, dann zeigt sich, dass die Kinder viel schneller viel mehr Stoff lernen können. Vor Allem ist aber die Freude ihr ständiger Begleiter und die Beziehungen werden gepflegt, sie lernen beziehen, statt zu konkurrieren, man lernt, sich zu helfen und wie schön es ist, wenn Aufgaben gemeinsam gelöst werden.

Mit Freude lernen wir viel, viel schneller als unter Zwang.

In Tunesien gibt es die Strand-Akademie. Da gibt es viele Tunesier, die flirten mit den deutschen Frauen. Diese Tunesier können oft perfektes Deutsch. Sie gingen nie in eine Deutschschule, aber weil flirten so viel Spass macht, ist es für sie ganz leicht, schnell gutes Deutsch zu lernen. Sie lernen wie die Babies – keine Strafe, kein Lehrer, kein Beschämen, kein Büffeln, sondern lernen mit Freude und allen Sinnen, während sie mit einer schönen Frau am Strand spazieren.

Diese Themen werden in einem eigenen Buch vertieft, hier sollen sie als kurze Hinweise dienen, damit das Lernen gut gelingen kann und Spass macht.

Das ist es: Ich wünsche Dir Spass, Freude, Lachen und gutes Lernen.

Was wir mit Spass gelernt haben, das vergessen wir nie mehr.

Das kannst Du selbst überprüfen, indem Du Deinen Grossvater oder Deine Grossmutter fragst, an was sie sich erinnern kann.

Sie wird Dir kaum erzählen, wie man eine dritte Wurzel zieht, sondern sie wird Dir vom Streich erzählen, den die Kinder auf der Schulreise gemacht haben, und dabei wird sie herzlich lachen, so wie ich die Geschichte vom Velo meines Mathematiklehrers erzählt habe. Es ist das Einzige, was ich noch von ihm weiss.

Da waren alle Sinne dabei, die Kinder hatten Spass, es war eine aussergewöhnliche Situation.

So kann man sich Dinge merken.

Oder: Vertraue Deinem Körper, habe Spass und Freude, lass Dich nicht zwingen, drücken und beschämen, erforsche die Welt, stelle 1000 Fragen und probiere alles aus.

Und merke: Wer die Frage nicht beantworten kann, der schämt sich oft dafür. Weil er in der Schule selbst bestraft wurde für Dinge, die er nicht wusste. Die wenigsten Erwachsenen geben zu, wenn sie etwas nicht wissen. Sie lenken ab, sie beantworten eine andere Frage oder sie verbieten Dir das Fragen.

Kinder sind da ganz ähnlich 😊 .

Wer älter wird und reifer, der befreit sich aus diesem Zwang, alles wissen zu müssen und findet den magischen Satz, der unser Herz so unendlich viel leichter macht: *«Ich weiss es nicht.»* und vielleicht *«Wollen wir es zusammen herausfinden?»*

Quadratwurzel – im richtigen Leben 😊

Fehler und Kapermuckbar!

Hinweis: Das Wort «F e h l e r» bedeutet in Deutsch Fehler und das Wort «H e l f e r» bedeutet in Deutsch Helfer.

Dieses Wort, ein grosser Zeigfinger, hochgezogene Augenbrauen, die wirken wie ein Peitschenhieb, ziehen das Herz zusammen, der Kopf zieht sich ein, der Blick geht zu Boden.

Wer mit einem solchen Zeigefinger unterwegs ist, hat diese Schmerzen meist als kleines Kind schon erfahren. Er weiss es nicht besser.

Wir schon: Wir wollen mit offenem Herz, gerader Haltung, einem Lächeln und einem Blick nach vorn dastehen, unsere Grösse spüren.

Dafür bauen wir jetzt den Fehler um.

Bist Du bereit?

Es ist ganz einfach:

Schreib Dir die Buchstaben von F E H L E R auf ein Blatt Papier:

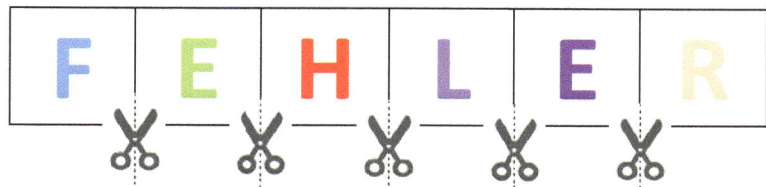

Dann schneidest Du die Buchstaben aus und..

      .. nimmst das H und setzt es ganz vorne hin, vor das F.

      .. nimmst das F und setzt es zwischen es zwischen L und E.

Was liest Du jetzt?

Bei mir sieht die Lösung nach dem neuen Zusammensetzen so aus:

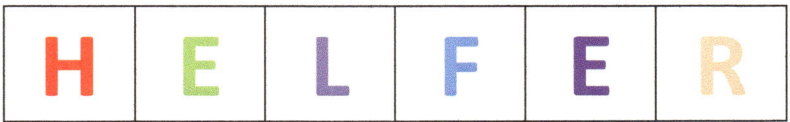

Fehler sind Deine Helfer.

Sie helfen Dir, besser zu werden, zu erkennen, wo Du noch nicht so klar warst, es Dir noch nicht merken konntest.

Wichtig: Erfolgreiche Menschen, egal, ob ihr Erfolg im Wissen, Können, in der Liebe oder in praktischen Fähigkeiten liegt – egal, ob man ihren Erfolg von aussen schnell sieht, erst später oder gar nicht – erfolgreiche Menschen sind immer einmal mehr aufgestanden, als sie hingefallen sind.

Wer also einen Fehler macht, wieder aufsteht, sich die Kleider glattstreicht, die Krone richtet und weitergeht – der ist erfolgreich.

In Amerika sind Unternehmer besonders beliebt, die schon ein paar Firmen pleite und bankrott gemacht haben. Die Menschen haben verstanden, dass sie aus Fehlern lernen, und sie bevorzugen Menschen, die viele Fehler gemacht habe.

In unserer Kultur, bis jetzt zumindest, ist es verboten Fehler zu machen, es ist verboten, Fehler zuzugeben, Dinge nicht zu wissen, es ist verboten traurig und ohnmächtig zu sein.

Es gibt lustige Umfragen auf Youtube, da werden auf der Strasse Menschen vor der Kamera befragt nach Dingen, die es überhaupt nicht gibt: «*Sagen Sie mal, was halten Sie eigentlich von Kaper-muckbar?*»

Keiner der befragten Menschen sagen: «*Was ist das, davon habe ich noch nie gehört?*».

Die meisten bringen irgendeine Erklärung und schauen super ernst drein.

Das ist dermassen lustig, dass ich finde, dass wir das öfters spielen sollten.

Wir sind also in einer Gesellschaft, in der wir solche Dinge zudecken und in unserem Keller einschliessen. Dort beginnen sie langsam zu verrotten und zu stinken, die Trauer zeigt sich im Gesicht, die Freude geht verloren, der Körper sieht schwer aus.

Das ist kein guter Weg: Etwas vom Befreiendsten, was ich kenne, sind die Sätze wie: «*Das weiss ich nicht: Kannst Du es mir zeigen?*»

«*Das ist neu, was ist denn das?*»

«*Ich hab einen Fehler gemacht, daraus habe ich gelernt, dass ich ein Ergebnis im Rechnen immer noch mit einer anderen Methode gegenprüfe.*«

«*Ich hab mir eine Eselsbrücke gemacht, und die hab ich dann auch vergessen, von jetzt an mache ich mir immer 2 Eselsbrücken.*»

Bilder-Rätsel mit Ziffern:

Für dieses Rätsel gibt es keine Lösung in diesem Buch.

Am Besten machst Du es mit einem anderen Mädchen oder Jungen und ihr findet zusammen die Antworten:

- Wie viele Ziffern siehst Du auf dieser Seite?
- Welche Ziffern siehst Du nicht?
- Wie könntest Du die fehlenden einbauen?
- Gibt es Ziffern, die du mehrfach siehst?
- Gibt es Ziffern, die auf dem Bauch oder Rücken liegen, oder die auf dem Kopf stehen?
- Siehst Du auch Operatoren – das sind z.B. +, -, x, /, also die Zeichen für Addieren, Subtrahieren, Malrechnen oder Multiplizieren oder durch-teilen, respektive dividieren?

Die Zahlen und die Winkel:

Eine gute Möglichkeit zur Erklärung unserer Zahlbilder ist nachfolgend abgebildet.

Man sieht: Alle Zahlen haben Ecken und die 0 ist rund, hat also keine Ecke.

Die Zahlen, die wir kennen sehen ein bisschen anders aus, viele sind runder und haben weniger Winkel.

Jede Zahl hat so viele Winkel, wie selbst als Zahl darstellt:
Die 1 hat einen Winkel, die 2, als Z geschrieben deren 2.

Die 3, geschrieben, wie ein nach rechts gekipptes grosses M hat 3 Winkel.

Spezialfälle sind die 5, die 7 und die 9:
Bei der 5 gibt es am unteren Ende einen Haken nach oben.

Bei der 7 gibt es einen Querstrich und bei der 9 gibt es 2 kleine Haken am unteren Ende.

Die Spezialfälle musst Du Dir besonders merken, und ein paar Mal zeichnen, dann bleiben Sie Dir. So ist es mir auch gegangen, beim Schreiben dieses Buches.

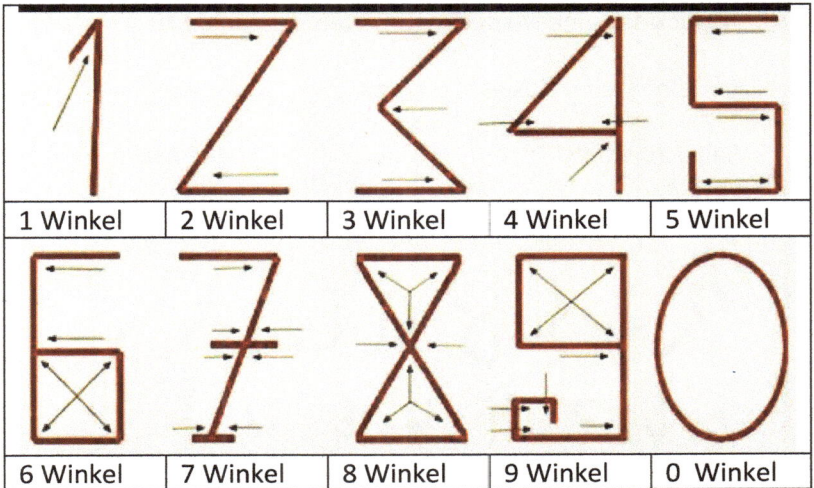

1 Winkel	2 Winkel	3 Winkel	4 Winkel	5 Winkel

6 Winkel	7 Winkel	8 Winkel	9 Winkel	0 Winkel

Ein Winkel ist sehr ähnlich, wie eine Ecke.

Was ist der Unterschied?

Warum funktioniert die Erklärung nur mit Winkeln und nicht mit Ecken, wo ist der Unterschied?

Es gibt noch eine Menge mehr Arten die Zahlen zu schreiben.

Hier eine kleine Auswahl davon.

Vielleicht wählst Du eine Variante als die Geheimschrift mit Deinen Freunden:

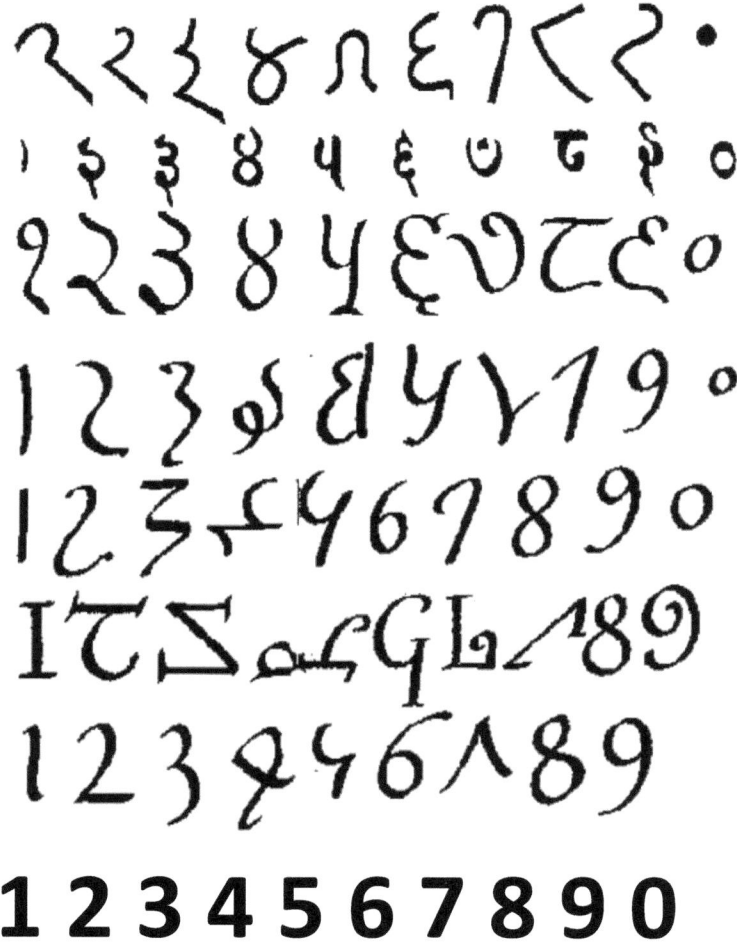

1 2 3 4 5 6 7 8 9 0

Was ist Mathematik?

Mathematik ist zählen, wer zählen kann, kann auch Mathematik.

Das tönt entspannend, nicht?

Zählen entspricht der 1-Reihe.

Die höheren Funktionen wie Reihen, oder die Multiplikation sind Abkürzungen, damit es schneller geht. Multiplikation mit einer Zahl ist die Reihe dieser Zahl, wer also mit 6 multiplizieren will, der nimmt dafür die Abkürzung mit der Sechserreihe.

Auch umgekehrt funktioniert das: Wenn wir 120 Sirupflaschen haben, und wissen wollen, wie viele Harasse wir dafür brauchen, dann könnten wir das umgekehrte von zählen machen, das Runterzählen, oder die Subtraktion. Und wenn wir das auch abkürzen wollen, dann machen wir eine Division.

An unserem Beispiel rechnen also 120 / 6. Wenn wir das noch nicht rechnen können, dann zählen wir die 6er-Reihe runter, beginnen bei 120 und erreichen die 0 beim 20. Schritt.

Wenn wir also das mit der Reihe nicht auf die Reihe bringen, oder uns gerade ein schwarzes Loch verschlungen hat, dann lassen wir die Abkürzung sein, und nehmen die langsamere Variante.

Oder wir nehmen, nachdem wir das Ergebnis berechnet haben, die langsamere Variante, um unser Ergebnis zu prüfen:

Ein Beispiel dazu: Die 3er-Reihe ist die Abkürzung, wir könnten auch, angelehnt an die Musik zählen:

0 - 1 – 2 - **3** – 4 – 5 – **6** – 7 – 8 – **9** – 10 – 11 – **12** – 13 – 14 – **15** – 16 – 17 – **18.**

> Wer ein Instrument spielt oder singt, erkennt den 3/3-Takt.
>
> Meist zählen wir in der Musik nicht weiter, sondern beginnen wieder von vorn, und mit der 1: **1** – 2 – 3, **1** – 2 – 3, **1** – 2 – 3.

Wenn wir noch einen kleinen Zwischenschritt einbauen – dann flüstern wir die klein geschriebenen Zahlen wie 1, 2, 4, 5 etc. und sagen die fett geschriebenen Zahlen laut vor: flüster-1, flüster-2, laut-3, flüster 4, flüster 5, laut 6 und so fort.

Doch das wird bald langweilig, wir lassen die geflüsterten Zahlen ganz aus und sagen nur noch die fett geschriebenen Zahlen, also 3-6-9-12 und so weiter.

Das braucht weniger Zeit, es geht schneller, es ist eine Abkürzung.

Ein anderes Beispiel:

Wenn wir die Sirupflaschen in einem Harass zählen, dann zählen wir 1-2-3-4-5-**6**.

Wenn wir 3 Harasse haben, dann zählen wir das am Anfang durch und machen weiter mit 7-8-9-10-11-**12**

und dann 13-14-15-16-17-**18.**

Doch mit der Zeit ist das langweilig, wir merken, dass es immer die gleichen Ergebnisse gibt: 6, 12, 18, 24, 30, 36, 42 etc. (etc. ist die Abkürzung von «*et cetera*»: Das heisst «*und die andern*»).

Wenn wir also die 6er-Packs Sirup schneller zählen wollen, dann zählen wir mit der Sechserreihe. Und wenn uns die nicht mehr in den Sinn kommt, dann zählen wir wieder eine Flasche um die andere, Stück für Stück.

Man muss mit allem rechnen. Auch mit dem Guten.

Spielerisch Kopfrechnen üben

Das ganze Leben ist der Spielplatz – sagte Maria Montessori.

Das heisst, wenn wir selbst Lernen wollen oder wenn wir Lernen begleiten wollen – dürfen wir erstens Lernen nicht verhindern – und dürfen zweitens spielen, der Rest wird uns geschenkt.

Mit «Geschenkt» meine ich auch: Der Aufwand von 6 Tagen Schule, ein paar Wochen Ferien, und das übers ganze Jahr reduziert sich massiv, bei den einen auf ein paar Monate, bei den anderen etwas weniger. Der Rest dieser wertvollen, einzigartigen und nicht mehr zurückholbaren Zeit kann für praktische Lebenskunde genutzt werden: Töpfern, Mauern, Plattenlegen, Tanzen, Kampfkunst, Kommunikation, Gesprächsführung, Friedenmachen und Mediation, das Verständnis, wie verschiedene Lerntypen funktionieren und kommunizieren, das Verständnis über die Natur, das Säen und Ernten und das Zubereiten des Essens – um nur ein paar ganz wenige zu nennen. Oder wie wäre es mit Steuererklärung ausfüllen, Radwechsel durchführen, Feuer machen und Feuer löschen, schweissen und Holzarbeiten verrichten, Tiere von der Zeugung über die Geburt bis zum Tod begleiten, Freude zu erforschen, Meditation, Intuition, .. die Liste lässt sich beliebig fortsetzen.

Spielen heisst auch, dass viele Wiederholungen automatisch dabei sind, weil sie gewollt sind, weil sie Spass machen. Wer den kleinen Kindern beim Skifahren zusieht, und auch nur halbwegs versucht, mit ihnen jeweils wieder den Berg hochzurennen wird schnell ausser Atem sein.

Niemand befiehlt diesen Kindern 100 Wiederholungen – das machen wir Erwachsenen im Fitnesscenter, z.B. beim Hantelheben, beim Oberschenkeltraining und vielem mehr.

Der grösste Unterschied ist der Spassfaktor. Wenn ich die kleinen Kindern vor Freude quietschen höre, und die verkniffenen Lippen und grimmigen Gesichter der Erwachsenen im Fitnesscenter sehe, dann führt mich meine Entscheidung, mehr Freude in meinem Leben zu haben definitiv auf den Pfad der Kinder.

In diesem Buch beginnen wir mit dem kleinen Einmal-Eins und sehen uns das von allen Seiten an.

Das nachfolgend beschriebene Spiel **«Die böse 8»** habe ich selbst als Kind gespielt und es hat mir viel Spass gemacht.

Ein Spiel: Die böse 8

Anzahl Spieler: 2 oder mehr.

Ablauf: Der Erste beginnt mit Zählen: **1**

Der Zweite macht weiter: **2**

Falls es mehr sind, macht der nächste weiter mit **3**

Falls es nur 2 sind, macht der erste wieder weiter.

Es geht also reihum und man kann die Geschwindigkeit steigern, der Spassfaktor geht mit.

Wobei alle Zahlen, in denen eine 8 vorkommt, nicht genannt werden, sondern mit «**Pip**» ersetzt werden.

Also 1-2-3-4-5-6-7-**Pip**-9-10-11- und so weiter und dann später bei 79-**Pip**-**Pip**-**Pip**-**Pip**-**Pip**-**Pip**-**Pip**-**Pip**-**Pip**-**Pip**-90.

Steigerung 1: Nach einer Weile, wenn das gut klappt, dann kann man eine schwerere Stufe wählen – dann werden auch alle Zahlen aus der 8er-Reihe mit «Pip» genannt, also:

1-2-3-4-5-6-7-Pip-9-10-11-12-13-14-15-Pip-17-Pip-19-20-21-22-23-Pip.

Steigerung 2: Natürlich kannst Du das Spiel mit jeder Zahl, ausser der 1 spielen.

Steigerung 3: Du kannst die Zahlenreihen auch rückwärts, z.B. die 8er-Reihe von 80 herunterzählen.

Alternative 1: Wer noch unsicher im Einmaleins ist, kann nur die Zahlen der gewählten Reihe mit Pip ersetzen, und nicht die anderen Zahlen, in denen die Ziffer vorkommt, hier am Beispiel der 3-Reihe:

1-2-Pip-4-5-Pip-7-8-Pip-10-11-Pip-13 -14-Pip und so weiter.

Variation 1: Spielen mit Smarties: Jeder kriegt am Anfang 10 Smarties. Wer einen Fehler macht, gibt eines ab.

Dieses einfache Spiel kann der ganzen Familie oder Kinderschar viel Freude bereiten – und dabei üben alle das Einmal-Eins.

Natürlich ist das nicht nur für die Kinder hilfreich, heute brauchen wir im Alltag das Einmaleins nicht mehr so oft wie früher.

Ich staune manchmal an der Kasse der Einkaufszentren, wie unkritisch die Kassiere Beträge herausgeben, die überhaupt keinen Sinn machen, nur weil ihre Kasse ihnen das anzeigt.

1 Ganzes $\frac{1}{2}$ $\frac{1}{4}$ $\frac{1}{8}$

$\frac{3}{4}$

$\frac{1}{4} + \frac{3}{4} = \frac{4}{4} = 1$ Ganzes

$\frac{1}{4} + \frac{1}{4} = \frac{2}{4} = \frac{1}{2}$

Spielerisch mit Legos rechnen lernen.

Die Reihen

In den folgenden Kapiteln lernen wir das Einmaleins und verbinden die Zahlen mit der Natur, oder die Natur mit den Zahlen.

Je mehr wir die Dinge verbinden, desto besser können wir sie lernen.

Die Einladungen, im Garten oder im Wald Blätter zu suchen, die mit ihren Blättern einer der Reihe entsprechen kann dazu führen, dass Du viel genauer schaust, was unsere Erde um uns herum für wunderbare Wesen kreiert, Du beginnst genauer zu schauen.

Mir ist es genauso ergangen: Ich bin durch die Natur gegangen, habe angefangen, ganz genau hinzuschauen, habe mich gefragt, wie die Pflanze oder der Baum heisst.

Es gibt viele Übungen – ich lade Dich ein, diese zu machen. Das kann Dir helfen, über die Wiederholungen diese Rechenvorschriften so zu vertiefen, dass Du sie nie mehr vergisst. Das kann das Leben viel angenehmer und leichter, vor Allem aber selbstbestimmter und unabhängiger machen.

Ich wünsche Dir viel Freude!

Addieren: Rechnen mit den Fingern

Gutes Lernen hat mit Motivation ganz viel zu tun.

Motivation fällt viel leichter, wenn Du den Fortschritt erkennen kannst, das merkst Du, wenn jemand anruft, um eine Umfrage zu machen, da wird am Anfang erklärt: «*Das dauert nur 3 Minuten*». Dann weiss der Angerufene erstens, dass es nicht lange dauert und zweitens, wenn er auf die Uhr schaut, wie lange es noch geht.

Wenn Menschen grosse Leistungen geben, dann wollen sie ihre Kraft einteilen, egal, ob es bei einem Marathon ist, oder beim Rechnen lernen.

Und Mäuse können viel länger schwimmen, ohne dass sie ertrinken, wenn sie die nötige Motivation haben und das Gefühl, sie könnten überleben.

Genau das machen wir uns zu Nutze, wir führen sozusagen Buch und stellen ein kleines Einmal-Eins auf:

Definition Kleines Einmaleins: Das kleine Einmaleins ist der Rechenraum von 1x1 – 10 x 10, also mit Ergebnissen von 1 – 100.

Definition: Grosses Einmaleins: Das grosse Einmaleins ist der Rechenraum von 1x1 – 20 x 20, also mit Ergebnissen von 1 – 400.

Dieses Quadrat wirst Du im Buch noch öfters antreffen – aber so gefüllt ist es nur hier. Je mehr Du lernst, desto mehr von den Zahlen können wir streichen.

0	1	2	3	4	5	6	7	8	9	10
1	1	2	3	4	5	6	7	8	9	10
2	2	4	6	8	10	12	14	16	18	20
3	3	6	9	12	15	18	21	24	27	30
4	4	8	12	16	20	24	28	32	36	40
5	5	10	15	20	25	30	35	40	45	50
6	6	12	18	24	30	36	42	48	54	60
7	7	14	21	28	35	42	49	56	63	70
8	8	16	24	32	40	48	56	64	72	80
9	9	18	27	36	45	54	63	72	81	90
10	10	20	30	40	50	60	70	80	90	100

Ich drucke sie schon gestrichen ab.

Weil es so viel Spass macht, kannst Du die jeweils selbst mit einem dicken, fetten Filzstift selbst auch noch mal abstreichen, besonders diejenigen, die Du neu gelernt hast.

Und wenn Du die Sache ganz perfekt machen willst, streichst Du die Zahlen jeweils ganz langsam ab, und stellst Dir vor, wie Du das rechnen kannst. Damit wiederholst Du es. Während Du Freude hast. Das ist das Beste, um es in Deinem Hirn zu verankern.

Jetzt, ganz am Anfang, wenn wir noch keine Zahlenreihe kennengelernt haben, ist noch alles leer, doch, ganz schnell, ändert sich das.

Eine Geschichte: Bohnen zählen

Eine sehr alte, weise Frau verließ ihr Haus nie, ohne vorher eine Handvoll Bohnen einzustecken.

Sie tat dies nicht, um unterwegs die Bohnen zu kauen.

Nein, sie nahm die Bohnen mit, um so die schönen Momente des Lebens besser zählen zu können.

Für jede Kleinigkeit, die sie tagsüber erlebte – zum Beispiel einen fröhlichen Schwatz auf der Straße, ein köstlich duftendes Brot, einen Moment der Stille, das Lachen eines Menschen, eine Berührung des Herzens, einen schattigen Platz in der Mittagshitze, das Zwitschern eines Vogels – für alles, was die Sinne und das Herz erfreut, ließ sie eine Bohne von der rechten in die linke Jackentasche wandern.

Manchmal waren es auch zwei oder drei Bohnen, die auf einmal den Platz wechselten.

Abends saß die weise Frau zu Hause am Kamin und zählte die Glücksbohnen aus der linken Jackentasche. Sie zelebrierte diese Minuten. So führte sie sich vor Augen, wie viel Schönes ihr an diesem Tag widerfahren war, und freute sich darüber.

Sogar an den Abenden, an denen sie nur eine einzige Bohne zählte, war jeder Tag für sie ein glücklicher Tag – es hatte sich gelohnt, ihn zu leben.

Einer-Reihe

Wenn Du zählen kannst, dann ist die Einer-Reihe ganz oben und links von oben nach unten schon erledigt – Du kannst diese streichen, dann sieht es schon besser aus. Während Du die Zahlen in der zweitobersten Reihe mit Deinem dicken, fetten Filzstift langsam streichst, kannst Du sie laut vorsprechen: Eins – Zwei – Drei – ...

Und dann grad nochmal, ganz links, von oben nach unten:

0	1	2	3	4	5	6	7	8	9	10
1	~~1~~	~~2~~	~~3~~	4	~~5~~	~~6~~	~~7~~	~~8~~	~~9~~	~~10~~
2	~~2~~	4	6	8	10	12	14	16	18	20
3	~~3~~	6	9	12	15	18	21	24	27	30
4	~~4~~	8	12	16	20	24	28	32	36	40
5	~~5~~	10	15	20	25	30	35	40	45	50
6	~~6~~	12	18	24	30	36	42	48	54	60
7	~~7~~	14	21	28	35	42	49	56	63	70
8	~~8~~	16	24	32	40	48	56	64	72	80
9	~~9~~	18	27	36	45	54	63	72	81	90
10	~~10~~	20	30	40	50	60	70	80	90	100

Ein Lindenblatt hat eine ungeteilte Struktur.

Was kennst Du für Pflanzen, Bäume oder Tiere, die 2-teilige Strukturen haben?

Hier kannst Du sie notieren:

_____   _____

_____   _____

Zweier-Reihe

Die Zweierreihe ist auch ganz einfach: Nimm einfach immer noch eins dazu. Das sind die geraden Zahlen.

Wenn Du stehst, und dann losmarschierst, während Du Schritte zählst, dann entspricht das der Einer-Reihe: 1, 2, 3, 4, …

Wenn Du mit dem rechten Bein losmarschierst und dann still «1» zählst, beim linken Bein laut «2» sagst, beim rechten Schritt wieder «3» flüsterst oder nur denkst und beim linken Bein wieder «4» sagst, dann ist das schon die Zweierreihe. Also streichen wir die auch, links und oben.

Es lohnt sich, das genauso zu machen, wenn du nämlich Deinen Körper bewegst und dazu zählst, kannst Du Dir die Zahlen viel besser merken, wenn Du die Zahlen singst, dann geht's noch besser.

Ein Pflanze aus dem Garten:
Wie hoch kannst Du mit der Zweier-Reihe zählen?
Ich komme auf 8.

Was kennst Du für Pflanzen, Bäume oder Tiere, die 2-teilige Strukturen haben?

Hier kannst Du sie notieren:

_____   _____

_____   _____

Wenn Du verstanden hast, wie die Zweier-Reihe funktioniert, dann können wir auch diese streichen, einmal von oben nach unten und dann von links nach rechts:

0	1	2	3	4	5	6	7	8	9	10
1	~~1~~	~~2~~	~~3~~	~~4~~	~~5~~	~~6~~	~~7~~	~~8~~	~~9~~	~~10~~
2	~~2~~	4	~~6~~	~~8~~	~~10~~	~~12~~	~~14~~	~~16~~	~~18~~	~~20~~
3	~~3~~	~~6~~	9	12	15	18	21	24	27	30
4	~~4~~	~~8~~	12	16	20	24	28	32	36	40
5	~~5~~	~~10~~	15	20	25	30	35	40	45	50
6	~~6~~	~~12~~	18	24	30	36	42	48	54	60
7	~~7~~	~~14~~	21	28	35	42	49	56	63	70
8	~~8~~	~~16~~	24	32	40	48	56	64	72	80
9	~~9~~	~~18~~	27	36	45	54	63	72	81	90
10	~~10~~	~~20~~	30	40	50	60	70	80	90	100

Dreier-Reihe:

Wenn Du die Zweierreihe kannst, dann ist die Dreier-Reihe ganz einfach:

Statt **5x3** rechnest Du mit der Zweierreihe 5x2 und zählst nochmals 5 dazu:

5x2	= 10	
+ 5	= 15	

Oder wenn Du **8x3** rechnen willst, dann rechnest Du

8x2	= 16	
+ 8	= 24	

Die Dreierreihe ist also die Kombination der Einer- und der Zweier-Reihe.

Efeublätter haben manchmal 3, manchmal 5 Teile (Links)
Das Oktoberli hat auch 3-er Strukturen.

Was kennst Du für Pflanzen, Bäume oder Tiere, die 3-teilige Strukturen haben?

Hier kannst Du sie notieren:

_____   _____

_____   _____

Übungen:

- Berechne 4x3 =

- Berechne 6x3 =

- Berechne 8x3 =

- Berechne 9x3 =

- Berechne 7x3 =

- Berechne 5x3 =

- Berechne 3x3 =

- Berechne 2x3 =

Wenn Du verstanden hast, wie die Dreier-Reihe funktioniert, dann können wir auch diese streichen, einmal von oben nach unten und dann von links nach rechts:

0	1	2	3	4	5	6	7	8	9	10
1	~~1~~	~~2~~	~~3~~	4	~~5~~	6	~~7~~	8	9	~~10~~
2	~~2~~	4	~~6~~	8	~~10~~	~~12~~	~~14~~	~~16~~	~~18~~	~~20~~
3	~~3~~	~~6~~	9	~~12~~	~~15~~	~~18~~	~~21~~	~~24~~	~~27~~	~~30~~
4	4	8	~~12~~	16	20	24	28	32	36	40
5	~~5~~	~~10~~	~~15~~	20	25	30	35	40	45	50
6	~~6~~	~~12~~	~~18~~	24	30	36	42	48	54	60
7	~~7~~	~~14~~	~~21~~	28	35	42	49	56	63	70
8	~~8~~	~~16~~	~~24~~	32	40	48	56	64	72	80
9	~~9~~	~~18~~	~~27~~	36	45	54	63	72	81	90
10	~~10~~	~~20~~	~~30~~	40	50	60	70	80	90	100

Eine Geschichte: Der Lehrer und der Dieb

Ein alter Mann trifft einen jungen Mann, der ihn fragt:

"Erinnerst du dich an mich?"

Und der alte Mann sagt nein. Dann erzählt ihm der junge Mann, dass er sein Schüler war. Und der Lehrer fragt:

"Was tust du, was machst du im Leben?"

Der junge Mann antwortet:

"Nun, ich bin Lehrer geworden."

"Aha, wie gut, so wie ich?" Fragt der alte Mann.

"Nun, ja. Tatsächlich bin ich Lehrer geworden, weil Sie mich inspiriert haben, so zu werden wie Sie."

Der alte Mann ist neugierig und fragt den jungen Mann, wann er beschlossen hat, Lehrer zu werden. Und der junge Mann erzählt ihm die folgende Geschichte:

"Eines Tages kam ein Freund von mir, auch ein Schüler, mit einer schönen neuen Uhr herein, und ich beschloss, dass ich sie haben wollte.

Ich habe sie gestohlen, ich habe sie aus seiner Tasche genommen.»

Kurze Zeit später bemerkte mein Freund, dass seine Uhr fehlte und beschwerte sich sofort bei unserem Lehrer, der Sie waren.

Dann haben Sie sich an die Klasse gewandt und gesagt: *"Die Uhr dieses Schülers wurde heute im Unterricht gestohlen. Wer immer sie gestohlen hat, soll sie bitte zurückgeben.'*

Ich habe sie nicht zurückgegeben, weil ich es nicht wollte.

Sie schlossen die Tür und sagten, wir sollten alle aufstehen und einen Kreis bilden.

Du wolltest unsere Taschen durchsuchen, eine nach der anderen, bis du die Uhr gefunden hast.

Du sagtest uns jedoch, wir sollten die Augen schließen, denn Sie würden nur nach der Uhr suchen, wenn wir alle die Augen geschlossen hätten.

Wir taten, wie uns geheißen.

Sie gingen von Schüler zu Schüler und von Tasche zu Tasche, und als Sie meine Tasche durchsuchten, fanden Sie die Uhr und nahmen sie an sich. Sie haben alle Taschen durchsucht, und als Sie fertig waren, sagtest du: *"Öffnet eure Augen. Wir haben die Uhr. "*

Sie haben mich nicht verraten und den Vorfall nie erwähnt.

Sie haben auch nie gesagt, wer die Uhr gestohlen hat. An diesem Tag haben Sie meine Würde für immer gerettet. Es war der beschämendste Tag in meinem Leben.

Aber das ist auch der Tag, an dem ich beschlossen habe, kein Dieb, kein schlechter Mensch usw. zu werden. Sie haben nie etwas gesagt, nicht einmal geschimpft oder mich zur Seite genommen, um mir eine moralische Lektion zu erteilen.

Ich habe deine Botschaft klar verstanden.

Dank Ihnen habe ich verstanden, was ein echter Erzieher zu tun hat.

Erinnern Sie sich an diese Episode?

Der alte Lehrer antwortete: "Ja, ich erinnere mich an die Situation mit der gestohlenen Uhr, die ich in jedermanns Tasche suchte. Ich habe mich nicht an Sie erinnert, weil ich beim Suchen auch die Augen geschlossen hatte.'

Zehner-Reihe

Jetzt machen wir etwas krasses – Ricardo Leppe hat es so vorgeschlagen und mir hat der Vorschlag gefallen:

Wir gehen direkt zur Zehnerreihe. Damit sind die grössten Zahlen auch schon erledigt, der Fortschritt ist messbar, die durchgestrichenen Zahlen nehmen zu.

Die Zehnerreihe ist einfach: Es ist die Einer-Reihe, wobei bei jeder Zahl eine 0 hinten angefügt wird: Statt 1, 2, 3, 4.. zählen wir 10, 20, 30, 40, ..

Eine Strahlen-Aralie mit 10 Blättern.
Die Strahlen-Aralie hat jeweils 9 bis 15 Blätter.

Was kennst Du für Pflanzen, Bäume oder Tiere, die 10-teilige Strukturen haben?

Hier kannst Du sie notieren:

_____   _____

_____   _____

10 Übungen der Liebe

Wenn ich diese Welt betrachte, scheint es mir, dass die einzige Sache, für die wir auf diese Erde, auf diesen Planeten kommen ist, dass wir die Liebe lernen. Hier gibt es so viele unterschiedliche Wesen, so viel Ungerechtigkeit, so viel Schwierigkeiten und Dinge, die wir nicht verstehen können, dass wir hier, auf jeden Fall, Liebe lernen können.

Hier sind 10 Arten, wie wir Liebe üben können:

1) **Zuhören,** ohne zu unterbrechen.

2) **Sprechen,** ohne jemanden oder etwas zu beschuldigen.

3) **Schenken,** ohne Geiz.

4) **Versprechen,** ohne es zu vergessen.

5) **Antworten,** ohne zu streiten.

6) **Nachgeben,** ohne Ansprüche zu stellen.

7) **Tun,** ohne sich zu beschweren.

8) **Glauben,** ohne zu zweifeln.

9) **Vergeben,** ohne Vorwürfe zu machen.

10) **Beten,** ohne Unterlass - zu unserem Schöpfer und seinen Engeln.

Fragen:

- Findest Du für jeden Punkt dieser Liste ein Beispiel in Deinem Leben?
- Und falls nicht, wo könntest Du diese Fähigkeit einsetzen?

Fähigkeiten sind wie Muskeln – die werden mehr und stärker, wenn wir sie üben. Du kannst jede dieser Fähigkeiten erlernen, genauso wie Velo fahren oder fahrradfahren, schwimmen oder auf einem Fuss zu hüpfen.

Ich habe in meinem Leben schon viele solche Listen gesehen und mich darum bemüht, sie zu lernen – weil mir das Menschen so gesagt haben, Menschen, die mir wichtig waren.

Mittlerweile habe ich viele von diesen Listen wieder kompostiert, entsorgt und verbrannt – weil es nicht *meine* Listen waren, sie waren von anderen Menschen gemacht worden – Menschen in anderen Kulturen, zu anderen Zeiten, Menschen, die in der heissen Wüste oder in der Antarktis gelebt haben, während ich hier in Europa lebe, welches zwischen sehr kalt und sehr warm schwankt.

Wenn mir heute jemand eine Liste präsentiert, dann bin ich sehr skeptisch und prüfe sie genau – und das rate ich Dir auch, mit dieser Liste.

Ich sage Dir aber gern, wie ich so ein Angebot prüfe, und warum diese Liste meine Prüfung bestanden hat:

Ich prüfe, ob es mich liebevoller macht, und klarer.

Ich prüfe, ob sie mir und meinem Herz mehr Frieden verschafft und ich ruhiger werde damit.

Ich lade Dich ein, diese Liste auch zu prüfen, und Dinge zu finden, die für Dich wichtig sind.

Wenn wir viele Dinge, Ideen und Vorstellungen in unser Herz und unser Hirn hineinnehmen, die nicht wirklich zu uns passen, dann verwirren sie uns und blockieren uns. Die eine Idee in uns sagt:

«Verschenke Dinge, ohne Geiz.»

Und wenn wir noch eine andere Regel gelernt haben, die sagt: *«Verkauf es, oder leihe etwas aus und dann fordere es zurück, damit Du reicher wirst.»* – dann wissen wir nicht mehr, was tun und werden blockiert.

Wer Menschen bis zum Tod begleitet sieht, dass sie nichts mitnehmen können. Aber wenn sie die Liebe geübt haben, dann lächeln sie zum Schluss. Und das möchte ich auch.

Diese Liste hilft, dieses Ziel zu erreichen.

So – und nun wenden wir uns wieder der Zehnerreihe zu:

Wenn Du das Gefühl hast, die Zehnerreihe verstanden zu haben, dann streichen wir die Zehnerreihe ganz rechts und ganz unten:

0	1	2	3	4	5	6	7	8	9	10
1	1	2	3	4	5	6	7	8	9	10
2	2	4	6	8	10	12	14	16	18	20
3	3	6	9	12	15	18	21	24	27	30
4	4	8	12	16	20	24	28	32	36	40
5	5	10	15	20	25	30	35	40	45	50
6	6	12	18	24	30	36	42	48	54	60
7	7	14	21	28	35	42	49	56	63	70
8	8	16	24	32	40	48	56	64	72	80
9	9	18	27	36	45	54	63	72	81	90
10	10	20	30	40	50	60	70	80	90	100

Was meinst Du, was ist für Dich jetzt die schwierigste Reihe?

Die meisten Kinder wählen jetzt die 9-er Reihe, das sind die grössten Zahlen.

Machen wir also mit der Neuner-Reihe im nächsten Kapitel weiter.

Eine Geschichte: Liebst Du mich?

"*Liebst du mich?*", fragte Alice.

"*Nein, ich liebe dich nicht*", antwortete das weiße Kaninchen.

Alice runzelte die Stirn und legte ihre Hände zusammen, wie sie es immer tat, wenn sie verletzt war.

"*Siehst du*", erwiderte das weiße Kaninchen.

«Jetzt wirst du dich fragen, was dich so unvollkommen macht und was du falsch gemacht hast, damit ich dich nicht wenigstens ein wenig lieben kann.

Weisst du, deshalb kann ich dich nicht lieben. Du wirst nicht immer geliebt werden Alice, es wird Tage geben, an denen andere müde und gelangweilt vom Leben sind, ihre Köpfe in den Wolken haben und dich verletzen werden.

Weil Menschen so sind, verletzen sie sich immer gegenseitig, sei es durch Nachlässigkeit, Missverständnisse oder Konflikte mit sich selbst.

Wenn sie sich selbst nicht lieben, zumindest ein wenig, wenn sie keinen Brustpanzer der Selbstliebe und des Glücks um Ihr Herz schaffen, wird das schwache Unbehagen, das von anderen verursacht wird, tödlich und zerstört sie.»

Als ich dich das erste Mal sah, schloss ich einen Pakt mit mir selbst: *"Ich werde es vermeiden, dich zu lieben, bis du lernst, dich selbst zu lieben."*

Quelle: Lewis Carrol, "Alice im Wunderland"

Neuner-Reihe

Eine lustige Geschichte zur 9-er Reihe erzählt Vera F. Birkenbihl in ihrem Buch *«Trotz Schule lernen»*:

Die kleine Maria hätte mit den Hausaufgaben die 9-er Reihe lernen müssen, doch leider sind ein paar Dinge dazwischengekommen. Heute wird in der Rechenstunde die 9-er Reihe geprüft.

Sie erhält ein Blatt, mit der 9-er Reihe, sie sollte die Ergebnisse ausfüllen, das Blatt sieht so aus:

Neuner-Reihe	
1 x 9 =	
2 x 9 =	
3 x 9 =	
4 x 9 =	
5 x 9 =	
6 x 9 =	
7 x 9 =	
8 x 9 =	
9 x 9 =	
10 x 9 =	

Maria füllt das erste Feld aus – das ist das, was sie sicher weiss.

Neuner-Reihe			
1 x 9 =	9		
2 x 9 =			
3 x 9 =			

Zu den weiteren Zeilen weiss sie nicht was schreiben. Weil ihr langweilig ist, und sie sich schon das Schlimmste vorstellt, beginnt sie von oben nach unten die Anzahl Fehler hinzuschreiben, die ihr der Lehrer dann wohl anrechnen wird:

Neuner-Reihe			
1 x 9 =	9		
2 x 9 =	1		
3 x 9 =	2		
4 x 9 =	3		
5 x 9 =	4		
6 x 9 =	5		
7 x 9 =	6		
8 x 9 =	7		
9 x 9 =	8		
10 x 9 =	9		

Die anderen Kinder sind immer noch beschäftigt, die Zeit für den Test ist noch nicht um.

Und 9 Fehler ist schon ein erschreckendes Ergebnis. Was werden die Eltern sagen?

Sie will das überprüfen und beginnt nun von unten mit dem Zählen.
Die erste Zeile, 1x9, das hat sie gewusst, das waren also 0 Fehler.
Und genau so beginnt sie von unten:

Neuner-Reihe	
1 x 9 =	1
2 x 9 =	18
3 x 9 =	27
4 x 9 =	36
5 x 9 =	45
6 x 9 =	54
7 x 9 =	63
8 x 9 =	72
9 x 9 =	81
10 x 9 =	90

Jetzt kommt die Lehrerin und zieht die Blätter wieder ein. Sie schreibt noch ihren Rufnamen auf das Blatt, macht sich auf das schlimmste gefasst und geht in die Pause.

Am nächsten Tag teilt die Lehrerin die korrigierten Prüfungen aus. Maria hat die Bestnote – keinen Fehler, alles richtig, eine **6**:

Neuner-Reihe		
1 x 9 =	1	
2 x 9 =	1 8	
3 x 9 =	2 7	
4 x 9 =	3 6	
5 x 9 =	4 5	
6 x 9 =	5 4	Super, Maria,
7 x 9 =	6 3	alles richtig.
8 x 9 =	7 2	Note: 6
9 x 9 =	8 1	
10 x 9 =	9 0	

Maria stutzt zuerst und freut sich dann, sie hat etwas wichtiges erkannt und macht sich folgende Notiz dazu:

Die Neunerreihe kann ich jederzeit mit Zählen ganz einfach herleiten:

Neunerreihe

$1 \times 9 =$	0	9
$2 \times 9 =$	1	8
$3 \times 9 =$	2	7
$4 \times 9 =$	3	6
$5 \times 9 =$	4	5
$6 \times 9 =$	5	4
$7 \times 9 =$	6	3
$8 \times 9 =$	7	2
$9 \times 9 =$	8	1
$10 \times 9 =$	9	0

Beachte dabei, dass vor die 9 in der ersten Reihe eine 9 gekommen ist, sie braucht also 2 Spalten, in der ersten zählt sie

von 0 bis 9 – von oben nach unten, und in der zweiten zählt

von 0 bis 9 – von unten nach oben.

Das Ergebnis kann sie ablesen, indem sie die beiden Spalten gemeinsam liest – also 09, respektive 9 in der ersten Zeile, 18 in der zweiten Zeile und so fort.

Neuner Reihe, mit den Fingern

Die 9er Reihe ist ganz einfach: Er fragt das Kind, mit wieviel möchtest Du 9 multiplizieren, hält beide Hände vor sich und beginnt ganz links zu zählen:

Angenommen, es will 4 x 9 rechnen, dann zählt er von links und klappt dann den 4.ten Finger ein:

Wenn wir die Finger rechts vom eingeklappten Finger zählen, erhalten wir den Einer – in diesem Fall 6 (von 5..bis 10) und wenn wir die Finger links davon zählen den Zehner – in diesem Fall 3 – von 1 bis 3.

Genau so, wie es gezählt hat, spricht sich die Zahl: Sechs (rechts) und Dreissig (links).

Ein anderes Beispiel: 8 mal 9: Der Achte Finger von links wird ein-geklappt:

Wir zählen rechts 2 und links können wir 7 ablesen – also ist das Ergebnis 72.

Wenn Du das verstanden hast, dann verstehst Du, warum alle Zahlen der Neunerreihe eine 9 als Quersumme haben – weil immer einer der Finger heruntergeklappt ist, ergibt die Zahl der Finger links und der Finger rechts immer 9.

Und jetzt, zum Schluss schauen wir uns die Zahlen der Neunerreihe an und deren Quersumme.

Die Quersumme ist die Zahl, die entsteht, wenn wir ihre Ziffern zusammenzählen, z.B. ist die Quersumme von 154: 1 + 5 + 4, also 10.

Übung: In der untenstehenden Tabelle sind alle Zahlen der Neuer-Reihe aufgeführt.

Führe in der leeren Spalte rechts davon die Ergebnisse für die Quersumme ein:

Neuerreihe	Quersumme
9	
18	
27	
36	
45	
54	
63	
72	
81	
90	

Was fällt Dir auf?

Nun gehen wir noch einen Schritt weiter: In der nächsten Tabelle sind die Zahlen der Neunerreihe, die nach 90 kommen, also mit mehr als 10 multipliziert wurden.

Rechts davon ist die Spalte «Quersumme». Und nochmals rechts davon ist die Spalte «Quersumme der Quersumme».

Neuerreihe: Grosses Einmaleins und darüber hinaus.	Quersumme	Quersumme der Quersumme
99		
108		
117		
126		
135		
144		
153		
162		
171		
180		
189		
198		
207		
216		
225		
234		
243		
252		
261		

Was fällt Dir auf?

Übung: Wenn Du das verstanden hast, wie würdest Du eine Prüf-regel formulieren, mit Hilfe derer Du prüfst, ob Deine Rechnung von z.B. 23 x 9 korrekt ist?

Übung: Mithilfe Deiner gefundenen Regel: Sind die nachfolgenden Zahlen aus der Neunerreihe oder nicht?

Ist die Zahl aus Neunerreihe?	Ja / Nein, warum?
22	
27	
38	
45	
63	
1155	
23511	
251122	
55215	
1111115	
3311	

Wenn Du zurückdenkst, wie Du mit den Finger die Zahlen der Neuner-reihe bis 90 berechnest, dann ist dort immer ein Finger von 10 weggeklappt. Es sind also immer 9 Finger gestreckt bei der Neuner-Reihe.

Verstehst Du jetzt, dass die Quersumme der Neunerreihe immer 9 ergibt?

Eine Geschichte: Costa Rica schafft das Militär ab

Costa Rica's Präsidentin Laura Chinchilla Miranda sag bei einer Pressekonferenz: «*Seit wir die Armee (1948!) abgeschafft haben, sind wir das sicherste Land in Zentralamerika geworden.*

Es ist schwer zu verstehen, aber wir sind den Putsch und die Bürgerkriege losgeworden, denn ohne eine Armee zu haben, lösen wir alle Probleme auf friedliche Weise. Die Abschaffung des Militärs erlaubt uns, das für die Verteidigung geplante Budge in Gesundheit und Bildung zu investieren.»

Seite 87

Tricks mit der Neuner-Reihe:

Frage: Wie finde ich bei einer beliebig grossen Zahl heraus, ob sie zur Neunerreihe gehört?

Ganz einfach: Du bildest die Quersumme der Zahl, indem Du alle Ziffern zusammenzählst. Wenn die Summe mehr als eine Stelle hat, dann bildest Du für diese Zahl auch wieder die Quersummer, z.B. so:

Zahl: 189
Quersumme: 1+8+9 = 18

Da diese Zahl 2-stellig ist, das gleich nochmal:

Quersumme von 18 = 1+8 = 9

Diese Quersumme nennt man die **einstellige Quersumme**.

Überprüfung: Diese Zahl gehört zur Neunerreihe: 9 x 21 = 189.

Aufgabe: Damit Du Dir diesen spannenden Mechanismus besser merken kannst, hilft es, ihn einige Male anzuwenden:

Probiere den nachfolgenden Zahlen aus:

Prüfung, ob die Zahl zur Neunerreihe gehört für 3-stellige Zahlen:

Zahl	Quersumme	Neunerreihe: Ja / Nein
213		
350		
488		
518		
580		
695		

Prüfung, ob die Zahl zur Neunerreihe gehört für 4-stellige Zahlen:

Zahl	Quersumme	Neunerreihe: Ja / Nein
2301		
3378		
4107		
5312		
6698		
7980		

Prüfung, ob die Zahl zur Neunerreihe gehört für beliebig grosse Zahlen:

Zahl	Quersumme	Neunerreihe: Ja / Nein
10390		
153051		
3928612		
30296125		
983720126		
9993205109		

Diese Erkenntnis führt uns **zur nächsten Frage**: Wie kann ich für eine beliebig grosse Zahl die nächstkleinere der Neunerreihe finden?

Ganz einfach: Wir bilden die einstellige Quersumme, und wenn diese nicht 9 ist, dann ziehen wir diese Quersumme von der zu prüfenden Zahl ab und erhalten eine Neunerzahl.

Hinweis: Wenn die Quersumme 9 ist, dann ist es schon eine Zahl der Neunerreihe, dann brauchst Du sie nicht von der Zahl abziehen.

Beispiel: Welches ist die nächstkleinere Zahl der Neuner-Reihe von 20.

Antwort: Quersumme von 20 ist 2 + 0, also 2.

Wir ziehen also 2 von 20 ab: 20-2 = 18

Und es ist wahr: 18 = 2 x 9.

Überprüfung: Auch die Überprüfung funktioniert: 1 + 8 = 9.

Jetzt bist Du dran:

Finde zu den folgenden Zahlen die jeweils nächstkleinere Zahl, die zur Neunerreihe gehört:

Probiere die nachfolgenden Zahlen aus:

Welche Zahl, kleiner oder gleich gross, gehört zur Neuner-Reihe?		
Zahl	Quersumme Und einstellige Quersumme	Neuer-Reihe-Zahl, kleiner oder gleich der Zahl
Beispiele		
157	1+5+7 = 13 1+3 = 4	157 − 4 = 153 Überprüfung: 1 + 5 + 3 = 9
351	3+5+1 = 9	Überprüfung mit anderer Methode: 360 = 40 × 9 Ein Neunerschritt zurück: 360 − 9 = 351.
Übungen		
213		
350		
488		
518		

Zahl	Quersumme Und einstellige Quersumme	Neuer-Reihe-Zahl, kleiner oder gleich der Zahl
	Noch mehr Übungen	
580		
695		
981		
555		
991		
1027		
3598		
6149		
7981		
10988		

Welche Zahl, kleiner oder gleich gross, gehört zur Neunerreihe?
beliebig grosse Zahlen:

Zahl	Quersumme	Neuer-Reihe-Zahl, kleiner oder gleich der Zahl
10390		
153051		
3928612		
30296125		
983720126		
9993205109		
75837102963		

Die Bilder einer weissen Esche sind 9-gliedrig.

Was kennst Du für Pflanzen, Bäume oder Tiere, die 9-teilige Strukturen haben?

Hier kannst Du sie notieren:

_____   _____

_____   _____

Noch ein Trick mit der Neuer-Reihe

Wer sich bei der Neuner-Reihe mit der Zehner-Reihe helfen lassen will, der geht so vor:

Am Beispiel 9 x 5=:

1) Du rechnest statt mit 9 mit 10: **10 x 5 = 50**
2) Und ziehst zum Ausgleich danach den Multiplikator vom Ergebnis ab: 50- **5 = 45**

Und ein zweites Beispiel: 9 x 3 =

1) 10 statt 9: 10 x 3 = 30
2) Minus 3: 30 – 3 = 27

Und ein drittes grösseres Beispiel: 9 x 25 =

1) 10 statt 9: 10x 25 = 250
2) Minus 25: 250 – 25 = 225

Und jetzt Du:

a) 9 x 2 = ?   c)   9 x 8 = ?
b) 9 x 100 = ?   d)   9 x 4 = ?

Und der Test zum Abgrenzen: 9 x 0 =?

Schritt 1: 10 x 0 = 0
Schritt 2: 0 (das Ergebnis) – 0 (der Multiplikator) = 0.

Wenn Du das auch verstanden hast, dann streichen wir die NeunerReihe ganz rechts und ganz unten:

0	1	2	3	4	5	6	7	8	9	10
1	~~1~~	~~2~~	~~3~~	4	~~5~~	~~6~~	~~7~~	8	9	~~10~~
2	~~2~~	4	~~6~~	8	~~10~~	~~12~~	~~14~~	~~16~~	~~18~~	~~20~~
3	~~3~~	~~6~~	9	~~12~~	~~15~~	~~18~~	~~21~~	~~24~~	~~27~~	~~30~~
4	4	~~8~~	~~12~~	16	20	24	28	32	~~36~~	~~40~~
5	~~5~~	~~10~~	~~15~~	20	25	30	35	40	~~45~~	~~50~~
6	~~6~~	~~12~~	~~18~~	24	30	36	42	48	~~54~~	~~60~~
7	~~7~~	~~14~~	~~21~~	28	35	42	49	56	~~63~~	~~70~~
8	~~8~~	~~16~~	~~24~~	32	40	48	56	64	~~72~~	~~80~~
9	9	~~18~~	~~27~~	~~36~~	~~45~~	~~54~~	~~63~~	~~72~~	81	~~90~~
10	~~10~~	~~20~~	~~30~~	~~40~~	~~50~~	~~60~~	~~70~~	80	~~90~~	~~100~~

Wichtiger Hinweis: Warum können wir die Neuner-Reihe rechts und auch unten streichen?

Rechts steht sie für 1x9, 2x9 und so weiter.

Und unten steht sie für 9x1, 9x2 und so weiter.

Die Ergebnisse sind gleich, ob Du 9x2 oder 2x9 rechnest.

Du kannst die vordere Zahl mit der hinteren vertauschen.

Das geht auch beim Addieren oder Zusammenzählen:

9 + 3 = 12   und genauso ist 3 + 9 = 12.

Cool oder? Schon wieder eine Abkürzurg!

Foodart by Conny Schade
Aus Rettich geschnitzter Engel

Eine Geschichte zur Gastfreundschaft

Vladimir aus Russland erzählt uns folgende Geschichte:

Meine Mama Vera hat folgende Geschichte erlebt, als sie 7 Jahre alt war. Vera war also in dem Alter, in dem die heutigen Kinder in die erste Klasse in die Schule gehen.

Ihre Verwandten lebten im Dorf als einfache Menschen.

Und da kam eines Tages ein fremder Obdachloser ins Dorf und fragte nach Essen.

Und meine Mutter erzählt ihm, wie die Menschen im Dorf diesen Obdachlosen verjagt haben. Als er an die Tür kam, wo seine Mama gewohnt hat, hat sie aufgemacht und ihn auch weitergeschickt.

Ihre Mutter, also Vladimirs Grossmama hat das mitgekriegt und Vera angewiesen, den Fremden sofort zurückzuholen. Seine Mutter hat ihn zurückgeholt und ihm etwas zu essen gegeben.

Als er gegessen hatte, hat sie für ihn einen Schlafplatz gesucht. Er hat bei ihnen zuhause übernachtet. Am nächsten Tag zog er weiter, sie gaben ihm etwas zu Essen mit auf den Weg.

Und noch etwas: Meine Mama hat sich das für das ganze Leben gemerkt. Das war ihr eine Lektion fürs Leben. Sie hat es mir weitergegeben. Da war ich noch ein Kind. Und ich habe es mir gemerkt. Es ist ein Beispiel, wie Gutherzigkeit funktioniert, wie der Satz aus der Bibel «Liebe Deinen Nächsten wie Dich selbst» im Alltag funktioniert.

Neunerprobe

Wenn wir uns den Vor- oder Nachnamen von jemandem merken wollen, so ist es gut, wenn wir eine Eselsbrücke haben. Meist helfen die uns in der Not, wenn wir uns an den Namen nicht mehr erinnern.

Was noch viel besser ist, sind zwei Eselsbrücken – damit geht es praktisch nie mehr schief.

Auch beim Rechnen ist es so: Wenn wir eine Berechnung prüfen wollen, können wir entweder einen Schritt zurückgehen und zählen – das ist langweilig und braucht viel Zeit, oder wir können

Definition: **Neunerrest**: Der Rest, wenn wir eine Zahl durch 9 dividieren.
Oder: Der **Neunerrest** ist auch die **Quersumme** der Zahl.

eine Neuner- oder Elferprobe machen.

Und das geht so:

Wir wollen die Rechnung «14 + 21 = 45» überprüfen.

Dazu nehmen wir die Neunerresten von allen Zahlen und führen die gleiche Berechnung durch:

5 + 3 = 9 Diese Berechnung stimmt offensichtlich nicht.

Wenn wir die korrekten Zahlen nehmen: «14 + 21 = 35» und dann die Neuerprobe durchführen, erhalten wir:

$5 + 3 = 8$

Das nächste Beispiel zeigt uns, dass das auch mit grösseren Zahlen und bei mehreren Additionen funktioniert:

Wir prüfen, ob es wahr ist, dass 456 + 739 + 481 + 603 = 2179

Rechnung:	456 +	739 +	481 +	603	=?	2179
Neunerprobe:	6	19 -> 10 -> 1	13 -> 4	9		19 -> 10 -> 1
	6 + 1 + 4 + 9 = 20, Quersumme = 2				<>	1

2 ist offensichtlich nicht gleich 1, deshalb wissen wir, dass die Berechnung falsch ist.

Derjenige, der diese Berechnung angestellt hat, kommt nun mit einem neuen Ergebnis: 2279

Wir prüfen dieses Ergebnis wie folgt:

Rechnung:	456 +	739 +	481 +	603	=	2279
Neunerprobe:	6	19 -> 10 -> 1	13 -> 4	9		20 -> 2
	6 + 1 + 4 + 9 = 20, Quersumme = 2				=	2

Diesmal gibt die Neunerprobe recht.

Die Neunerprobe funktioniert auch bei der Subtraktion:

Wir überprüfen, ob das Ergebnis von 728 - 38 = 680 wahr ist.

Rechnung:	728 -	38	=?	680
Neunerprobe:	17 -> 8	11 -> 2		14 -> 5
	8 -	2	>	5

Derjenige, der das Ergebnis berechnet hat, bringt den neuen Vorschlag:

Wir überprüfen, ob das Ergebnis von 728 - 38 = 690 wahr ist.

Rechnung:	728 -	38	=?	690
Neunerprobe:	17 -> 8	11 -> 2		15 -> 6
	8 -	2	=	6

Die Neunerprobe funktioniert auch bei der **Multiplikation**:

Wir überprüfen, ob das Ergebnis von 35*28 = 981 wahr ist.

Rechnung:	35 *	28	=?	981
Neunerprobe:	8	10 -> 1		18 -> 9
	8 *	1	<	9

Wir erhalten einen neuen Vorschlag: 35*28 = 980 und prüfen den:

Rechnung:	35 *	28	=?	980
Neunerprobe:	8	10 -> 1		17 -> 8
	8 *	1	=	8

Die Neunerprobe funktioniert auch bei der **Division,** aber erst, nachdem wir daraus eine Multiplikation gemacht haben:

Wir überprüfen, ob das Ergebnis von 7600 / 25 = 300 wahr ist.

Dazu stellen wir die Rechnung zur Multiplikation um: 300*25 = 7600

Rechnung:	300 *	25		=?	760 0
Neunerprobe:	3	7			4
	3 *	7	= 21 -> 3	<	4

Wir erhalten einen neuen Vorschlag: 7600 / 25 = 304 und prüfen den, doch zuerst machen wir wieder eine Multiplikation draus:

7600 / 25 = 304

Rechnung:	304 *	25		=?	760 0
Neunerprobe:	7	7			4
	7 *	7	= 49 -> 13 -> 4	=	4

Die Neunerprobe erkennt das Ergebnis als korrekt.

Wichtig: Die Neunerprobe funktioniert nicht bei Zahlendrehern:

Wer statt 45 54 schreibt, oder 29 mit 92 verwechselt hat Pech: Die Quersummen bleiben gleich – diese Fehler bleiben unentdeckt.

Mit der Neunerprobe werden 8 von 9 Fehlern aufgedeckt.

Eine Geschichte: Sylvester Stallones Anfang

Sylvester Stallone beschreibt in seiner Autobiografie folgendes: Er wollte schon als Kind Schauspieler werden und ins Kino kommen, um die Menschen zu inspirieren, ihnen zeigen, zu was sie fähig sind, und sie zu motivieren, Schwierigkeiten zu überwinden.

Sylvester «Rocky» Stallone, auch Sly genannt.

Allerdings hatte Sylvester einen schwierigen Start ins Leben. Er musste mit einer Geburtszange geholt werden, diese hat ihm die Nerven im linken unteren Kiefer zerstört. Deshalb sieht er so aus, wie er aussieht, und warum er so spricht, wie er spricht.

Diese Schädigung seines Gesichts und seiner Aussprache hat ihm viele Absagen im Schauspielgeschäft eingebracht. Er erhielt Absage um Absage. Niemand konnte glauben, dass die Zuschauer einem Schauspieler zuschauen wollten, wie er einer war.

Sylvester war jedoch komplett entschlossen. Als er sich um seinen nächsten Job bewerben wollte, ging er um 4 Uhr am Morgen zum Vorstellungsgespräch, wurde nicht eingeladen und hat die nächste Nacht grad auch noch da verbracht.

Danach wurde er eingeladen und wurde schliesslich für seine erste Rolle im Filmgeschäft engagiert. Das ist ein unbekannter Film, und die Rolle war nur eine 20-Sekunden-Rolle, in welcher er seinen Gegenspieler verprügeln sollte.

Er bekam ein paar weitere solche Rollen und jede Menge Absagen. Sein Geld wurde immer knapper, und seine Frau wurde mit ihm ungeduldiger und wollte, dass er irgendeinen Job machen solle, um endlich Geld nach Hause zu bringen.

Aber Sylvester war kompromisslos und entschlossen. Er wollte nicht irgendeinen Job machen. Er wollte das Richtige machen. Er wusste, wenn er irgendeinen bequemen Job machen würde, dann könnte er zwar das Geld nach Hause bringen, aber gleichzeitig würde er seine Spannkraft und sein Ziel aus den Augen verlieren.

Seine Frau verstand das nicht, und es gab viel Streit.

Sylvester fror, hatte kaum was zu essen und ging in die Bibliothek. Er ging nicht in die Bibliothek, um zu lesen, sondern weil er fror und es in der Bibliothek geheizt war.

Jemand liess ein Buch liegen, das hat Sylvester aufgeblättert und war schnell fasziniert. Es war ein Buch von Edgar Allen Poe, das ihn inspirierte, selbst mit Schreiben anzufangen.

Er schrieb ein paar Drehbücher, aber die hatten keinen Erfolg. Irgendwann gelang ihm der erste Erfolgsschritt mit dem Drehbuch von «Paradise Alley» - dafür erhielt er 100 Dollar. Das war für Sylvester viel Geld. Er schrieb weiter – doch der Erfolg blieb aus und er musste schliesslich den Schmuck von seiner Frau verkaufen, um zu überleben.

Darauf verlies seine Frau ihn. Jetzt hatte er weder Frau, noch Essen, noch Geld. Nur noch sein Hund war bei ihm. Ohne Einnahme konnte Sylvester aber dem Hund auch nichts zu essen kaufen.

Sylvester ging deshalb zum Einkaufsladen und hat seinen Hund zum Verkauf angeboten – und konnte ihn schliesslich für 25 Dollar verkaufen.

Zwei Wochen später hat sich Sylvester einen Kampf von Mohammed Ali angeschaut und wurde dadurch inspiriert. Darauf schrieb er in zwanzig Stunden am Stück das Drehbuch zum bekannten Film Rocky.

Danach hat er Filmagenten gesucht und ihnen das Drehbuch angeboten. Die waren nicht begeistert, fanden das Skript vorhersehbar und langweilig. Er erhielt wieder jede Menge Absagen.

Nach langer Suche und viel Enttäuschung hat er jemanden gefunden, der das Skript kaufen wollte. Sie boten ihm 125'000 Dollar. Sylvester wollte das Drehbuch aber nur unter einer Bedingung verkaufen: *Er wollte die Hauptrolle im Film spielen.*

Der Agent schüttelte den Kopf und sagte: «*Nein, nein, Du bist Drehbuchautor und nicht Schauspieler, das geht gar nicht.*».

Sie stritten eine Weile hin und her, doch der Agent wollte Rocky die Rolle nicht geben, und Rocky wollte ohne die Rolle das Drehbuch nicht verkaufen.

Am Ende ging er nach Hause, ohne den Handel abzuschliessen.

Ein paar Wochen später hat ihn der Agent wieder angerufen und ihm 250'000 Dollar angeboten.

Doch Rocky lehnte erneut ab, sie wollten ihm die Rolle auch diesmal nicht geben.

Wieder eine Weile später rief der Agent wieder an und hat Rocky 360'000 Dollar angeboten.

Doch Rocky ist ein Dickschädel. Er wusste, was er will. Er wollte den Deal nur eingehen, wenn er die Rolle erhielt.

Schliesslich hat ihm der Agent 35'000 Dollar angeboten, und die Rolle dazu.

Der Film kostete schliesslich nur 1 Million Dollar in der Produktion, spielte dafür aber 200'000 Millionen Dollar ein.

Das Erste, was Rocky tat, nachdem er seine 35'000 Dollar erhalten hat, war, dass er wieder zum Einkaufsladen ging, um seinen Hund zurückzukaufen.

Dort wartete er 3 Tage, bis der Käufer seines Hundes schliesslich auftauchte.

Rocky hat ihn angesprochen: «*Kennen Sie mich noch – ich habe Ihnen meinen Hund verkauft?*»

Der Käufer antwortete: «*Ja, natürlich: Der Hund ist grossartig, ich liebe ihn.*»

Rocky sagte: «*Bitte, ich will ihn zurückkaufen, ich vermisse meinen Hund*».

Der Käufer wollte ihn aber nicht mehr verkaufen. Rocky bot ihm deshalb 100 Dollar, statt der 25 Doller, die er beim Verkauf erhalten hatte.

Doch das hat den Käufer nicht umgestimmt: «*Nein. Ich behalte den Hund.*». Rocky hat den Preis gesteigert und danach 500 Dollar angeboten.

Doch der Hundebesitzer war nicht einverstanden. Auch als Rocky 1000 Dollar angeboten hat, war der Hundebesitzer nicht dazu zu bewegen, den Hund zu verkaufen.

Schliesslich hat Rocky ihm folgendes angeboten: '*Sie erhalten von mir 15'000 Dollar und eine Nebenrolle im Film «Rocky»*'.

Da war der Hundebesitzer einverstanden. Deshalb ist dieser heute zusammen mit dem Hund von Sylvester Stallone im Film «Rocky» zu sehen.

Vierer-Reihe:

Die Vierer-Reihe entspricht der Zweierreihe, wobei Du jede Zahl einfach verdoppelst:

	Zweierreihe	2x Zweierreihe = Vierreihe
1	2	4
2	4	8
3	6	12
4	8	16
5	10	20
6	12	24
7	14	28
8	16	32
9	18	36
10	20	40

Glücks-Klee-Blatt mit 4 Blättern

Was kennst Du für Pflanzen, Bäume oder Tiere, die 4-teilige Strukturen haben?

Hier kannst Du sie notieren:

_____   _____

_____   _____

Wenn Du verstanden hast, wie die Vierer-Reihe funktioniert, dann können wir auch diese streichen, einmal von oben nach unten und dann von links nach rechts:

0	1	2	3	4	5	6	7	8	9	10
1	~~1~~	~~2~~	~~3~~	~~4~~	~~5~~	~~6~~	~~7~~	~~8~~	~~9~~	~~10~~
2	~~2~~	~~4~~	~~6~~	~~8~~	~~10~~	~~12~~	~~14~~	~~16~~	~~18~~	~~20~~
3	~~3~~	~~6~~	~~9~~	~~12~~	~~15~~	~~18~~	~~21~~	~~24~~	~~27~~	~~30~~
4	~~4~~	~~8~~	~~12~~	~~16~~	~~20~~	~~24~~	~~28~~	~~32~~	~~36~~	~~40~~
5	~~5~~	~~10~~	~~15~~	~~20~~	25	30	35	40	45	~~50~~
6	~~6~~	~~12~~	~~18~~	~~24~~	30	36	42	48	~~54~~	~~60~~
7	~~7~~	~~14~~	~~21~~	~~28~~	35	42	49	56	~~63~~	~~70~~
8	~~8~~	~~16~~	~~24~~	~~32~~	40	48	56	64	~~72~~	~~80~~
9	~~9~~	~~18~~	~~27~~	~~36~~	45	54	63	72	81	~~90~~
10	~~10~~	~~20~~	~~30~~	~~40~~	~~50~~	~~60~~	~~70~~	~~80~~	~~90~~	~~100~~

Es ist wie es ist: Der Bauer und sein Sohn

Eines Tages lief das schönste Pferd eines chinesischen Bauern davon.

Alle Nachbarn bedauerten den Bauer und beklagten den Verlust.

Nur der Bauer sagte: „Unglück, wer weiß? - Es ist wie es ist!"

Nach einigen Tagen kam sein Pferd zurück und mit ihm kamen einige Wildpferde.

Die Nachbarn kamen wieder und beglückwünschten den Bauern.

Dieser aber sagte: „Glück, wer weiß? - Es ist wie es ist!"

Als sein Sohn eines der Wildpferde zähmen wollte, wurde er abgeworfen und brach sich ein Bein. Wieder klagten die Nachbarn und sprachen von einem großen Unglück, das ihm wiederfahren sei.

Der Bauer aber sagte "Unglück, wer weiß? - Es ist wie es ist!"

Kurz darauf kamen die Soldaten des Kaisers, um junge Männer für den Krieg zu rekrutieren. Da der Sohn des Bauern sein Bein gebrochen hatte, taugte er nicht für den Krieg und konnte so daheim bleiben.

Die Nachbarn beglückwünschten den Bauern.

Dieser aber sagte: „Glück, wer weiß? - Es ist wie es ist!"

Quelle: unbekannt

Fünfer-Reihe:

Die Fünfer-Reihe ist auch einfach: Sie entspricht der Zehner-Reihe, die Du schon kannst, und dazwischen kommt jeweils die Zwischen- zahl, die mit einer 5 endet:

Zwischen 10 und 20 kommt die Zwischenzahl, die mit 5 endet: 15.

Und zwischen 20 und 30 kommt die Zwischenzahl 25, die mit 5 endet.

Du kannst Dir vorstellen, dass die vordere Ziffer sich immer zweimal wiederholt und die hintere Ziffer zwischen 0 und 5 hin- und herhüpft.

Prüf das mit der folgenden Zahlenreihe:

00	Die 0 oder 00 wird oft nicht dazu genommen, das kann man aber, wenn man will.
05	Die 0 vor der 5 wird oft nicht geschrieben, auch das kann man, wenn man will.
10	Die vordere Ziffer ist jetzt eins höher, die hintere hüpft von der 5 auf 0.
15	Die vordere Ziffer wiederholt sich, und die hintere hüpft wieder von 0 auf 5.
20	
25	
30	
..	

Das ist einfach, oder?

Lass es uns noch von einer andere Seite anschauen:

5 ist die Hälfte von 10 – das heisst 2 Fünfer zusammen sind ein Zehner.

Einmal 5 ist 5, das ist einfach.

Wenn wir also 2 Fünfer haben, dann ist es ein Zehner: **10**

Bei 3 machen wir einfach eine 5 anstelle der 0: **15**

Haben wir 4 Fünfer, dann sind es 2 Zehner: **20**

Bei 5 machen wir einfach eine 5 anstelle der 0: **25**

Haben wir 6 Fünfer, dann sind es 3 Zehner: **30**

Bei 7 machen wir einfach eine 5 anstelle der 0: **35**

Und bei 8 Fünfern sind es 4 Zehner: **40**

Bei 9 machen wir einfach eine 5 anstelle der 0: **45**

Bei 10 Fünfern sind es 5 Zehner oder die 5 und hinten die Null: **50**

Die 5-er Reihe ist wie die 10er-Reihe, aber mit halben Zwischenschritten. Jeder halbe Zwischenschritt hat eine 5 am Schluss – an der Einerstelle.

Wir schauen es nochmal von einer anderen Seite an:

5 ist die Hälfte von 10

Damit kann man die Aufgaben der 5er-Reihe auf die Aufgaben der 10er-Reihe zurückführen, indem jeweils 2 Fünfer zu einem Zehner zusammengesetzt werden.

Zum Beispiel:

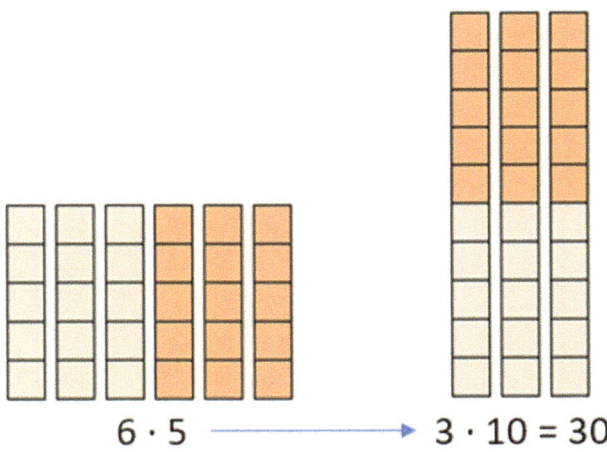

$$6 \cdot 5 \quad\longrightarrow\quad 3 \cdot 10 = 30$$

Der Feigenbaum hat 5-teilige Blätter (Links oben).
Die Tomate hat 5 Blütenblätter (oben rechts) – die Tomate ist die Blüte.
Die Malve hat 5 Blütenblätter (unten).

Was kennst Du für Pflanzen, Bäume oder Tiere, die 5-teilige Strukturen haben?

Hier kannst Du sie notieren:

_____   _____

_____   _____

Wenn Du verstanden hast, wie die Fünfer-Reihe funktioniert, dann können wir auch diese streichen, einma von oben nach unten und dann von links nach rechts:

0	1	2	3	4	5	6	7	8	~~9~~	10
1	~~1~~	~~2~~	~~3~~	4	~~5~~	~~6~~	~~7~~	8	9	~~10~~
2	~~2~~	4	~~6~~	8	~~10~~	~~12~~	~~14~~	~~16~~	~~18~~	~~20~~
3	~~3~~	6	9	~~12~~	~~15~~	~~18~~	~~21~~	~~24~~	~~27~~	~~30~~
4	4	8	~~12~~	~~16~~	20	24	28	~~32~~	36	40
5	~~5~~	~~10~~	~~15~~	~~20~~	~~25~~	~~30~~	~~35~~	~~40~~	~~45~~	~~50~~
6	~~6~~	~~12~~	~~18~~	~~24~~	~~30~~	36	42	48	~~54~~	~~60~~
7	~~7~~	~~14~~	~~21~~	~~28~~	~~35~~	42	49	56	~~63~~	~~70~~
8	~~8~~	~~16~~	~~24~~	~~32~~	~~40~~	48	56	64	~~72~~	~~80~~
9	~~9~~	~~18~~	~~27~~	~~36~~	~~45~~	~~54~~	~~63~~	~~72~~	~~81~~	~~90~~
10	~~10~~	~~20~~	~~30~~	~~40~~	~~50~~	~~60~~	~~70~~	~~80~~	~~90~~	~~100~~

Siebner-Reihe:

Für die Siebner-Reihe gibt es einen genialen Trick, und der geht so:

Du zeichnest ein Gitter mit 3x3 Feldern und beginnst mit dem Feld links oben, schreibst links in das Feld die Ziffer 0 rein, dann in das darunterliegende die Ziffer 1, und nochmals drunter die2.

Dann beginnst Du in der mittleren Spalte wieder mit 2, 3 4 – nach unten und endest mit der rechten Spalte: 4, 5, 6.

Merke: Wenn du unten angekommen bist, **dann fährst Du nochmals mit der gleichen Ziffer oben weiter**.

Wenn Du die Zahlen als Töne mitsummst, wobei eine höhere Zahl einen höheren Ton darstellt, kannst Du es Dir noch besser merken:

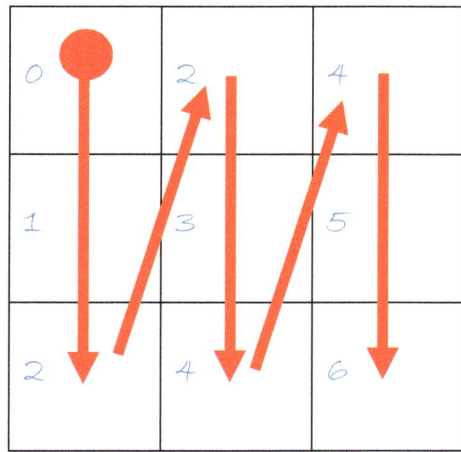

Im zweiten Schritt beginnst Du mit dem Feld links unten und fügst
Ziffern hinzu, Du beginnst mit 1 – die Du der 2 (=21) hinzufügst,
dann der 2 zur 4 (= 42), und folgst so den Zeilen bis zur 9.

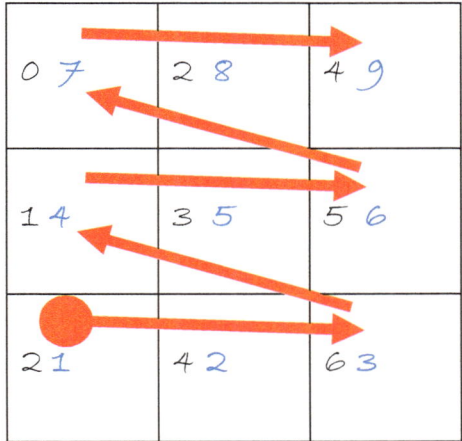

Wenn Du rechts oben angekommen bist, kannst Du die Siebner-Reihe ablesen, indem Du den blauen Pfeilen folgst – es ist die gleiche Reihenfolge, die Du am Anfang verwendet hast:

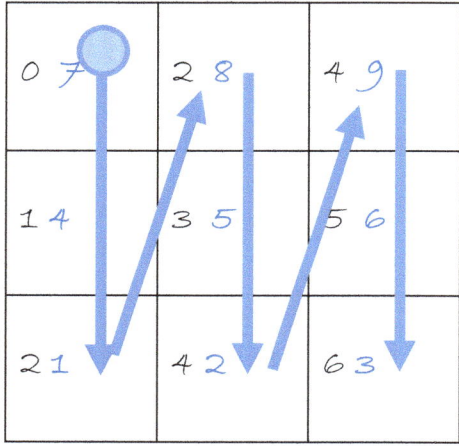

Wir wissen, dass 2 Arten, sich etwas zu merken viel besser sind, als nur eine. Also schauen wir uns die Siebner-Reihe von einer anderen Seite an:

Die Grundlage dafür ist, dass 7 in 5 und 2 aufgeteilt werden kann.

Wir zählen also nicht die Siebner-Reihe hoch, sondern hüpfen 5 und dann 2. Und dann wieder 5 und dann 2. Und wieder 5 und dann 2.

Hier zuerst eine Darstellung über eine Tabelle:

1x7	=	1x5	(5)	+	1x2	(2)	=	7
2x7	=	2x5	(10)	+	2x2	(4)	=	14
3x7	=	3x5	(15)	+	3x2	(6)	=	21
4x7	=	4x5	(20)	+	4x2	(8)	=	28
5x7	=	5x5	(25)	+	5x2	(10)	=	35
6x7	=	6x5	(30)	+	6x2	(12)	=	42
7x7	=	7x5	(35)	+	7x2	(14)	=	49
8x7	=	8x5	(40)	+	8x2	(16)	=	56
9x7	=	9x5	(45)	+	9x2	(18)	=	63
10x7	=	10x5	(50)	+	10x2	(20)	=	70

Unten ist das gleiche mit Kästchen aufgezeichnet.

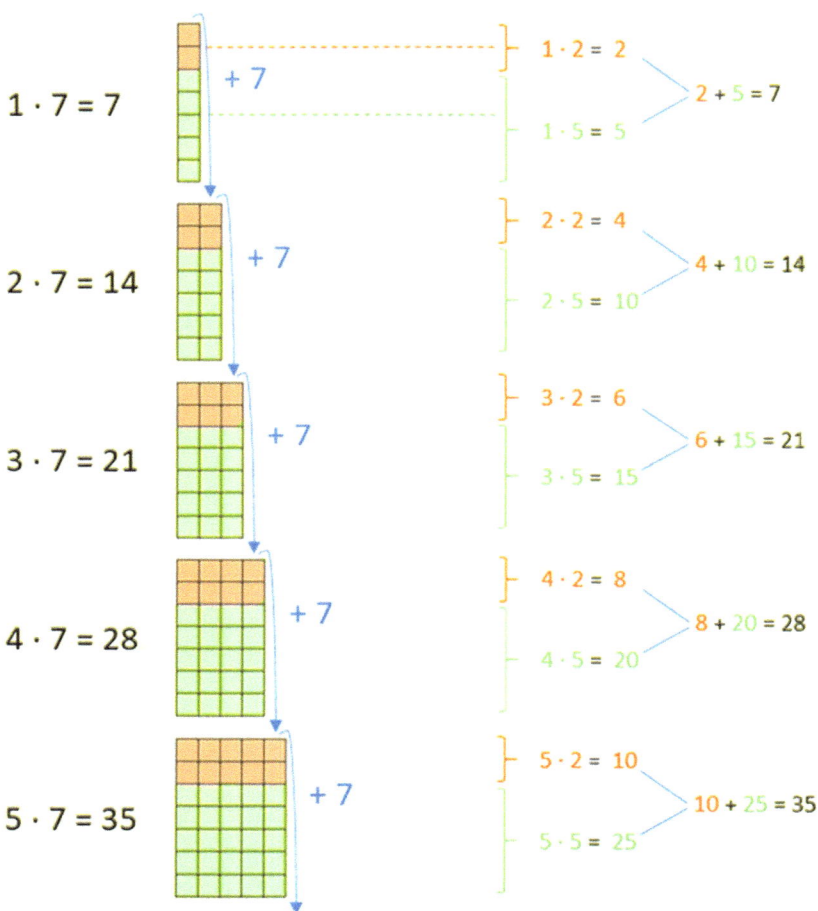

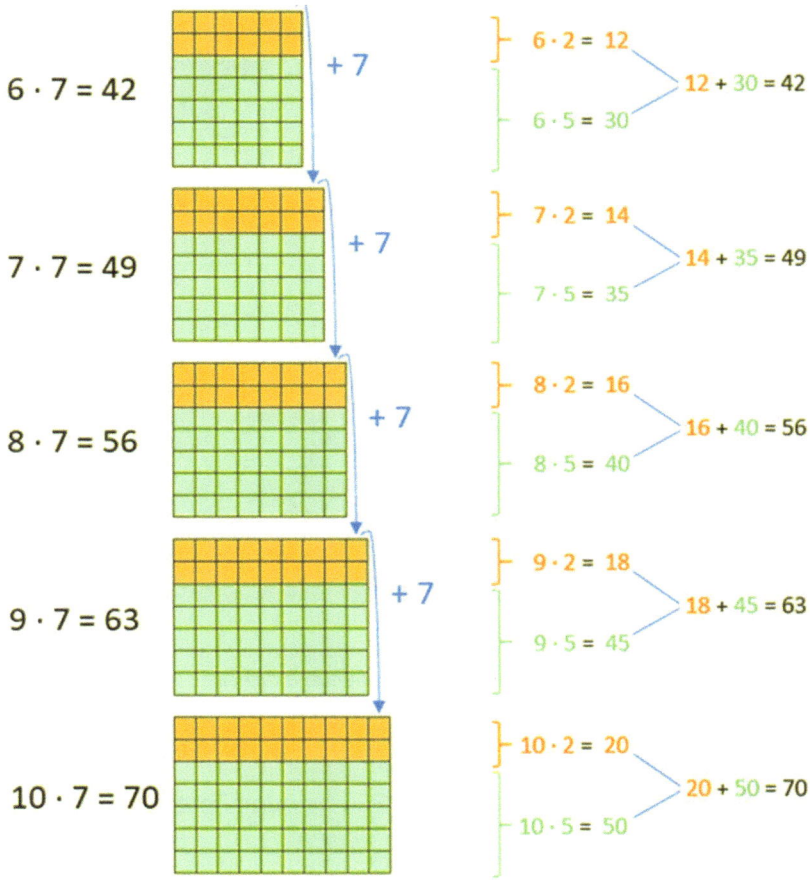

Beginnend mit 7 Kästchen, werden mit jeder Aufgabe sieben weitere Kästchen hinzugefügt, 5 grüne und 2 rote.

Quelle: https://grundschule-kapiert.de/einmaleins-7er-Reihe/

Ein Silbermantel-Blatt mit Tau.
Die meisten Silbermäntel-Blätter sind 7-teilig.

Was kennst Du für Pflanzen, Bäume oder Tiere, die 7-teilige Strukturen haben?

Hier kannst Du sie notieren:

_____   _____

_____   _____

Damit können wir auch die Siebner-Reihe aus dem kleinen Einmal-Eins streichen:

0	1	2	3	4	5	6	7	8	9	10
1	~~1~~	~~2~~	~~3~~	4	~~5~~	~~6~~	~~7~~	8	9	~~10~~
2	~~2~~	4	~~6~~	8	~~10~~	~~12~~	~~14~~	~~16~~	~~18~~	~~20~~
3	~~3~~	6	~~9~~	~~12~~	~~15~~	~~18~~	~~21~~	~~24~~	~~27~~	~~30~~
4	4	8	~~12~~	~~16~~	20	24	~~28~~	~~32~~	~~36~~	~~40~~
5	~~5~~	~~10~~	~~15~~	~~20~~	~~25~~	30	~~35~~	40	~~45~~	~~50~~
6	~~6~~	~~12~~	~~18~~	~~24~~	~~30~~	36	~~42~~	48	~~54~~	~~60~~
7	~~7~~	~~14~~	~~21~~	~~28~~	~~35~~	~~42~~	~~49~~	~~56~~	~~63~~	~~70~~
8	~~8~~	~~16~~	~~24~~	~~32~~	40	48	~~56~~	64	~~72~~	~~80~~
9	~~9~~	~~18~~	~~27~~	~~36~~	~~45~~	~~54~~	~~63~~	~~72~~	~~81~~	~~90~~
10	~~10~~	~~20~~	~~30~~	~~40~~	~~50~~	~~60~~	~~70~~	~~80~~	~~90~~	~~100~~

Sechser-Reihe:

Die Sechserreihe ist am Anfang die Dreier-Reihe, wobei man einmal eine Zahl flüstert oder nur denkt und jede zweite Zahl laut sagt:

3 leise	**18** laut	33 leise	**48** laut
6 laut	21 leise	**36** laut	51 leise
9 leise	**24** laut	39 leise	**54** laut
12 laut	27 leise	**42** laut	57 leise
15 leise	**30** laut	45 leise	**60** laut

Eine andere Möglichkeit ist, die Sechser-Reihe als 2x die Dreier-Reihe zu sehen:

x	Dreier-Reihe	2x Dreier-Reihe = Sechser-Reihe
1	3	6
2	6	12
3	9	18
4	12	24
5	15	30
6	18	36
7	21	42
8	24	48
9	27	54
10	30	60

Wenn Du verstanden hast, wie die Sechser-Reihe funktioniert, dann können wir auch diese streichen, einmal von oben nach unten und dann von links nach rechts:

0	1	2	3	4	5	6	7	8	9	10
1	1	2	3	4	5	6	7	8	9	10
2	2	4	6	8	10	12	14	16	18	20
3	3	6	9	12	15	18	21	24	27	30
4	4	8	12	16	20	24	28	32	36	40
5	5	10	15	20	25	30	35	40	45	50
6	6	12	18	24	30	36	42	48	54	60
7	7	14	21	28	35	42	49	56	63	70
8	8	16	24	32	40	48	56	64	72	80
9	9	18	27	36	45	54	63	72	81	90
10	10	20	30	40	50	60	70	80	90	100

Achter-Reihe:

Von der Achter-Reihe bleibt genau eine einzige Kombination, näm-lich 8 x 8, alle anderen Kombinationen hast Du durch die anderen Reihen schon gelernt, also 3x8 in der Dreier-Reihe als 8x3, als 5x8 in der Fünfer-Reihe mit 8x5 und so weiter.

Das heisst, es ist egal, ob wir 4 x 8 oder 8 x 4 rechnen.

Diese einzige letzte Kombination ist **8x8** im Einmal-Eins-Quadrat.

Wenn Du Dir das merken kannst, dann hast Du jetzt das kleine Einmaleins abgeschlossen. Finito. Basta.

Diese Spinne hat 8 Beine.

Was kennst Du für Pflanzen, Bäume oder Tiere, die 8-teilige Strukturen haben?

Hier kannst Du sie notieren:

_____   _____

_____   _____

Es gibt 2 Möglichkeiten, falls Du einmal ein Blackout hast, die Dir helfen können, die Achter-Reihe auch anders herzuleiten:

1) Die folgende Tabelle hast Du schon bei der Vierer-Reihe gesehen, jetzt kommt sie nochmals, und wir gehen noch einen Schritt darüber hinaus:
   Die Achter-Reihe ist immer das Doppelte der Vierer-Reihe, siehe folgende Tabelle:

	Zweier-Reihe	2x Zweier-Reihe = Vier-Reihe	2x Vierer-Reihe = Achter-Reihe
1	2	4	8
2	4	8	16
3	6	12	24
4	8	16	32
5	10	20	40
6	12	24	48
7	14	28	56
8	16	32	64
9	18	36	72
10	20	40	80

Wir wollen verschiedene Regeln kennen, weil wir uns dann sicher an eine erinnern. Hier ist eine andere Regel für die Achter-Reihe:

Die Achterreihe ist auch immer um eine Zweier-Reihe kleiner als die Zehner-Reihe:

	Zehner-Reihe	Zweier-Reihe	Zehner-Reihe -Zweier-Reihe
1	10	2	$10 - 2 = 8$
2	20	4	$20 - 4 = 16$
3	30	6	$30 - 6 = 24$
4	40	8	$40 - 8 = 32$
5	50	10	$50 - 10 = 40$
6	60	12	$60 - 12 = 48$
7	70	14	$70 - 14 = 56$
8	80	16	$80 - 16 = 64$
9	90	18	$90 - 18 = 72$
10	100	20	$100 - 20 = 80$

Wenn Du das gern prüfen willst, kannst Du das mit der 0 auch ausprobieren:

	Zehner-Reihe	Zweier-Reihe	Zehner-Reihe -Zweier-Reihe
0	0	0	$0 - 0 = 0$

Heute ist ein Tag zum Feiern, Dein ganz persönlicher Feiertag, Du bist jetzt Master of the «*little multiplication table*».

Little multiplication table heisst auf Englisch *kleines Einmaleins*.

Das ist der erste Schritt zum «*master of the universe*»:

Alle Zahlen sind gestrichen:

0	1	2	3	4	5	6	7	8	9	10
1	1	2	3	4	5	6	7	8	9	10
2	2	4	6	8	10	12	14	16	18	20
3	3	6	9	12	15	18	21	24	27	30
4	4	8	12	16	20	24	28	32	36	40
5	5	10	15	20	25	30	35	40	45	50
6	6	12	18	24	30	36	42	48	54	60
7	7	14	21	28	35	42	49	56	63	70
8	8	16	24	32	40	48	56	64	72	80
9	9	18	27	36	45	54	63	72	81	90
10	10	20	30	40	50	60	70	80	90	100

Ich lade Dich ein, nochmals jede Reihe selbst langsam durchzustreichen, mit einem dicken, fetten Filzstift, und Dir dabei vorzustellen, wie Du das rechnen kannst. Fällt Dir mehr als eine Berechnungsart für eine Reihe an?

Eine Geschichte: Ghandi und das zuckersüchtige Kind

Erfahrungen der Transformation:

Eine Mutter wandte sich an Gandhi mit der Bitte, dass er mit ihrem Kind sprechen möge, da dieses süchtig nach Süssig- keiten war.

"Bringen Sie Ihr Kind in drei Wochen zu mir, und ich werde mit ihm sprechen." Nach drei Wochen brachte die Mutter ihr Kind zu Gandhi. Er nahm das Kind zur Seite und sprach mit ihm über die schädlichen Aus- wirkungen des über- mässigen Genusses von Süssigkeiten und ermutigte es diese schlechte Angewohnheit aufzugeben. Die Mutter bedankte sich bei Gandhi und fragte ihn dann: *"Aber warum haben Sie nicht schon vor drei Wochen mit meinem Kind gesprochen?"* Gandhi antwortete: *"Weil ich vor drei Wochen noch süchtig nach Süssigkeiten war."*

Wenn wir Menschen einen Weg zeigen wollen, müssen wir selbst auf diesem Weg sein. Die Integrität und Moral unseres Lebens bis ins kleinste Detail ist die wahre Kraft hinter unserem Wort. Die richtigen Dinge zu sagen, aber nicht selbst zu leben hat keine Kraft.

Subtraktion

Subtraktion von beliebigen Zahlen von einer Zehnerpotenz

Das zweite Sutra „Alle von 9 und die letzte von 10" hilft, beliebige Zahlen von einer natürlichen Zehnerpotenz zu subtrahieren. Dazu bildet man für jede Ziffer die Differenz zu 9 und für die letzte Ziffer die Differenz zu 10.

Beispiel: 10'000 − 4'946

1	0	0	0	0
-	4	9	4	6
	auf 9	auf 9	auf 9	auf 10
	5	**0**	**5**	**4**

In dieser Rechnung kannst Du von vorn oder von hinten rechnen, das ist egal. Weil wir für die Überträge meist von hinten rechnen, schlage ich das hier auch so vor.

Überprüfung: Die vorderste Stelle unter der 1 bleibt leer – wer etwas von 10'000 wegnimmt oder subtrahiert, der wird ein Ergebnis erhalten, das kleiner ist, und jede Zahl, die kleiner ist als 10'000 hat nicht 5 sondern maximal 4 Stellen.

In der nachfolgenden Darstellung ist für ein anderes Zahlenbeispiel eine andere Schreibweise gewählt: Der senkrechte Strich teilt die einzelnen Ziffern, dazwischen sind Rechenoperationen:

$$10.000 - 4.856 \rightarrow 9 - 4|9 - 8|9 - 5|10 - 6 = 5.144$$

Kannst Du erkennen, was die Zeichen bedeuten, was gerechnet wird?

Ich schreibe noch einen Zwischenschritt dazu, der kann Dir helfen, wenn Du das Rätsel noch nicht geknackt hast:

10'000 – 4856 →   9-4 = 5
                      9-8 = 1
                      9-5 = 4
                      10-6 = 4 (die letzte Stelle mit 10)

Jetzt erkennst Du, dass der vertikale Strich einfach eine Rechnung von einer anderen abgrenzt. Ich habe nichts anderes gemacht als anstelle des vertikalen Strichs mehrere Zeilen geschrieben.

Und zusammengezogen auf eine Zahl: **5144**

Weitere Übungen zur Vertiefung und Verankerung:

Viel Spass!

Berechne:

◆ 1000 − 353 =

◆ 10'000 -5951=

◆ 1000- 23=

◆ 100'000 − 78'731=

◆ 100-55=

◆ 1'000'000 − 515'313=

◆ 10'000 − 1'643=

Subtraktion beliebiger Zahlen durch Ergänzung

Leichter lassen sich Zahlen voneinander abziehen (subtrahieren), wenn man beide um den gleichen Betrag erhöht oder verringert.

Beispiel: durch Erhöhen um 3 erhält man eine glatte Zahl beim Subtrahenden und kann das Ergebnis leicht ablesen.

Das nachfolgende Beispiel berechnet das Ergebnis von 664-147:

Original	Schritt 1	Schritt 2	Nach Vereinfachung
664		+3 (2)	667
-147	+ 3 (1)		-150
-------			-------
?		(3)	517

Erklärung: 147 von einer anderen Zahl abzuziehen ist schwieriger und erfordert mehr Zeit, als wenn wir 150 von einer anderen Zahl abziehen.

Schritt 1: Deshalb erhöhen wir den Subtrahenden (147) im Schritt (1) um 3, ziehen also mehr ab.

Schritt 2: Um das auszugleichen erhöhen wir den Subtraktor (664) im Schritt (2) um 3 – also die gleiche Zahl wie in Schritt (1), und..

Schritt 3: können im Schritt (3) einfach das Ergebnis berechnen

---

Definition bei einer Differenzrechnung:

Subtraktor – Subrahend = Ergebnis

Bsp: 10 - 7   = 3

Weitere Übungen für Dich:

1) Berechne das Ergebnis von 635 -139.

2) Berechne das Ergebnis von 75 -53.

3) Berechne das Ergebnis von 328 -147.

4) Berechne das Ergebnis von 981 - 891.

5) Berechne das Ergebnis von 455 - 388.

6) Berechne das Ergebnis von 521 - 284.

7) Berechne das Ergebnis von 708 - 312.

8) Berechne das Ergebnis von 211 -122.

9) Berechne das Ergebnis von 1515 - 892.

10) Berechne das Ergebnis von 1821 - 1514.

Eine Geschichte: Die Lektion des Mathematiklehrers

Ein Mathematiklehrer tritt vor die Klasse und schreibt folgende Gleichungen auf die Wandtafel:

$$1 \times 9 = 9$$
$$2 \times 9 = 18$$
$$3 \times 9 = 27$$
$$4 \times 9 = 36$$
$$5 \times 9 = 45$$
$$6 \times 9 = 54$$
$$7 \times 9 = 63$$
$$8 \times 9 = 72$$
$$9 \times 9 = 82$$

Die Klasse ist bis fast zum Schluss still, dann beginnen die einen zu tuscheln und zu kichern.

Der Lehrer dreht sich von der Wandtafel zur Klasse um und fragt Jens, den Jungen, der sich am Meisten lustig über ihn gemacht hat, warum er lacht.

Jens erklärt: *«Sie haben einen Fehler gemacht: 9x9 ist 81 und nicht 82.»*

Der Lehrer nickt und sagt: «*Ja, ich weiss. Heute will ich Euch eine Lektion fürs Leben geben.*

Ich habe 8 Gleichungen korrekt aufgeschrieben und eine falsche.

Die 8 Gleichungen habt ihr als selbstverständlich hingenommen, aber für die Falsche habt ihr mich ausgelacht.

Ich bin nur ein Mensch, und Menschen machen Fehler. So lernen wir.

Wie wäre es, wenn ihr − nein, wir − ich meine mich auch − in Zukunft mehr Gewicht auf das legen, was gelingt?»

Der Lehrer schweigt.

Und die Kinder schauen sich betroffen an.

Ja, denken sie, das ist ein schöner Plan.

Die Moral der Geschicht:

In den traditionellen Schulen wird oft der Fehler gesucht und rot markiert, die Note bezieht sich auf die Anzahl Fehler.

Vielleicht hat der Schüler aber besonders schön geschrieben, vielleicht hat er bis vor einer Woche noch gar nicht rechnen können.

Vielleicht ist sein Bruder zuhause krank, oder sein Vater im Spital. Vielleicht lebt er auch nur mit seiner Mutter zusammen.

Vielleicht kann er besser zeichnen als alle andern zusammen. Und vielleicht gelingt es ihm einfach immer seinen inneren Frieden zu bewahren, egal, wie gross das Chaos um ihn ist.

Wenn wir andere Menschen zu Höchstleistungen anspornen wollen, so beziehen wir uns auf das, was sie können, was gut gelingt und loben das. Das ermuntert sie. Dann freuen sie sich. Und Freude ist die wichtigste Zutat zum Lernen. Freude ist auch die wichtigste Zutat zum Leben. Fast alle wollen Freude haben und nehmen damit unendlich viele Strapazen, Kosten und Aufwände auf sich.

Wenn wir einen Mixer in der Küche reparieren wollen, oder einen Automotor, der Öl verliert, dann ist es wunderbar, wenn wir gut trainiert sind, den Fehler zu suchen. Meist wird man dabei einzelne Komponenten testen, und wenn es komplexe Systeme wie Computernetzwerke sind, dann wird man die Komplexität reduzieren, man wird kleine Teile testen und wenn sie funktionieren, 2 oder 3 davon zusammenschliessen und erneut testen.

Wenn der Computer zuhause nicht funktioniert, wird man zuerst das Kabel überprüfen, und wenn das nichts bringt, die Maus, den Monitor, die USB-Sticks und den Drucker abstecken und erneut prüfen, ob der Computer startet. Und wenn er startet, dann wird man eins nach dem anderen wieder anschliessen. Das ist eine gute Massnahme, um Fehler zu isolieren: Man macht das System einfacher, reduziert seine Komplexität.

Wenn es aber um Beziehungen geht – zur Erde, zu den Tieren, zu den Menschen, zu den Mitschülern, den Eltern, den Geschwistern und den Lehrern, dann ist Fehler, dann ist Fehlersuche das schlechteste, was man tun kann. Jedes Wesen hat «Fehler», Dinge, die es ausmacht, oder die es tut, die wir nicht so toll finden, die nicht normal sind, weil es nicht alle so machen, wo jemand grösser oder kleiner ist.

Die Menschen funktionieren so, dass das, was sie ins Auge fassen, was sie genau anschauen, das vermehrt sich, davon erhalten sie mehr.

Wenn Du ein rotes Fahrrad zum Geburtstag geschenkt erhältst, dann wirst Du plötzlich überall rote Fahrräder sehen. Die waren vorher schon da, aber Du hast sie nicht wahrgenommen.

Wenn Du auf die Fehler Deiner Mitmenschen und Tiere fokussierst, dann werden diese mehr. Das bringt Dich zum Leiden und ist superschlecht für die Beziehung. Ihr werdet euch jeden Tag mehr ärgern und dabei leiden.

Deshalb ist es keine gute Idee, in einer Beziehung die Fehler zu suchen.

In jeder glücklichen, längeren Beziehung gilt die Regel, dass alle betroffenen Menschen das Gute sucher und loben, Wertschätzung zu den anderen bringen und ihnen das zeigen, was sie besser können.

So können sich alle freuen und voneinander lernen.

Das ist ein Teil vom Paradies, der Beziehungsteil.

Deshalb: Bei defekten Sachen sucht man die Fehler. So funktioniert der Motor, der Kugelschreiber oder die Wäscheklammer am schnellsten wieder.

Bei Beziehungen sucht man das, was funktioniert und Freude macht. So wird die Beziehung immer schöner und es macht mehr Spass und Freude, zusammen Zeit zu verbringen oder etwas zu erfinden.

Der Unterschied zwischen komplex und kompliziert:

Kompliziert sind Maschinen, z.B. der Motor eines Verbrenner-Autos: Da gibt es je nach Modell 1400 Teile. Wenn ein Teil ausfällt, ist klar, was das bedeutet. Wenn die Batterie nicht geladen wird, dann ist sie entweder defekt, oder die Kabel sind defekt, z.B. weil eine Maus sie durchgebissen hat, oder der Alternator, der den Strom liefert ist defekt. Wenn man den Fehler sucht, beginnt man meist bei der Batterie, das ist am einfachsten.

Man kann einen Fehler finden, indem man eine Liste durchgeht, und man kann ihn einfach reparieren. Das ist kompliziert.

Im Gegensatz dazu ist die Erde, speziell das Wetter, komplex. Da spielen ganz viele Dinge mit, die miteinander zusammenhängen. Wenn das Wetter über eine Weile kühler wird, dann kann es sein, dass ein Vulkan ausgebrochen ist, der den Himmel und damit die Sonneneinstrahlung reduziert. Oder es kann am Golfstrom liegen, der stärker fliesst und damit die heissen Zonen kühlt und die kühlen wärmt. Es könnte aber auch sein, dass die Sonne etwas schwächer scheint – ihre Kraft nimmt innerhalb von 5.5 Jahren zu und geht dann wieder zurück, ein Zyklus dauert also 11 Jahre.

Alle diese Faktoren beeinflussen einander. Zum Glück ist unser Paradies selbstregulierend – anders als der Motor mit dem defekten Teil, der dann stehen bleibt, korrigieren die viele Faktoren der Erde einander und halten das System stabil, ausser wir Menschen stören es zu fest, z.B. indem wir in den Städten ganz viel Boden zubetonieren und sich dort deshalb im Sommer viel Hitze bildet.

Londoner Müllmann's Tochter

Die Frau auf dem Foto ist eine Mitarbeiterin der Londoner Zentral-
bank.

Bevor sie ihren ersten Arbeitstag anfing, sagte ihr Vater zu ihr:

*«Sag niemandem, dass du in einer armen Familie aufgewachsen
bist und dein Vater ein Müllmann ist, all deine Kollegen werden
Dich auslachen.»*

Am nächsten Tag postete das Mädchen dieses Foto in den sozialen
Netzwerken mit folgender Nachricht:

*«Ich bin in einer armen Familie aufgewachsen und mein Vater
arbeitet als Müllmann... Ich möchte ihm für seine Erziehung und
seine finanziellen Bemühungen während des Studiums danken. Ich
liebe dich, Papa. Du bist mein Stolz. "*

Multiplikation einstelliger Zahlen

Auf diese intelligente Art zu rechnen hat mich Ricardo Leppe gebracht, er erklärt es in seinem Video «WissenSchafftFreiheit» im Mathematik Teil 5.

Rahmen: Für die Multiplikation von 2 Zahlen zwischen 6 und 10.

So markiert man sich die Finger – oder man beschriftet sie mit einem Stift.

Um 8 x 7 zu rechnen, halten wir die beiden entsprechenden Finger zusammen.

Um die Einerstelle zu erhalten multiplizieren wir die freien Finger oberhalb der beiden, die sich berühren, das heisst links: Daumen und Zeigefinger mit der 9, also 2 Finger, und rechts die 8, 9 und der Daumen, also 3 Finger: 2x3 = **6**.

Um die Zehnerstelle zu erhalten, zählen wir die Finger zusammen, die sich berühren und darunter sind, also:

Links: 8,7,6 und rechts: 7,6, also insgesamt **5** Finger.

Der Zehner ist also 5, zusammen ist es damit **56**.

Wir berechnen den Einer zuerst, weil wir die Zahlen auch so sprechen: Sechs-und-fünfzig.

Ein weiteres Beispiel: 6x8

Wir multiplizieren die oberen freien Finger: 4 (links) x 2 (rechts) = **8**

wir addieren die Finger die sich berühren und darunter 1 + 3   = **4**

Ergebnis: **48**

Ein weiteres Beispiel 6x6, mit Überlauf:

Wir multiplizieren die oberen freien Finger: 4 (links) x4 (rechts) =**16**
wir addieren die Finger die sich berühren und darunter 1 + 1   =**2**

Ergebnis: Beim Einer gibt es einen Überlauf: Der Einer ist nur die **6**.
Die 1 von 16 wird beim Zehner dazugezählt, also 2+1 = **3**

Ergebnis: **36**

Nächstes Beispiel 6x10, wir testen die Grenzen:

Eigentlich ist auf dem rechten Daumen die 10. Aber nur die 0 ist zu erkennen.

Wir multiplizieren die oberen freien Finger: 4 (links) x 0 (rechts) = **0**
wir addieren die Finger die sich berühren und darunter 1 + 5 = **6**

Ergebnis: **60**

Multiplikation mehrstelliger Zahlen

Multiplikation von 2 2-stelligen Zahlen, wobei die ersten Ziffern gleich sind und die letzten zwei Ziffern zusammengezählt 10 ergeben.

Beispiele: 38x32, 43x47, 51x 59 etc..

Gilt für: 2 2-stellige Zahlen, wobei die sich die letzten beiden Ziffern auf 10 addieren.

So gehst Du vor: -
1. **Schritt:** Erhöhe die 1. Ziffer der Zahl um 1 und multipliziere das Ergebnis mit der 1. Ziffer: → Ergebnis 1
2. **Schritt:** Multipliziere beiden hinteren Ziffern:→Ergebnis 2
3. **Schritt:** Für das Endresultat :
   Setze Ergebnis 1 vor Ergebnis 2.

Beispiel 1: 38 x 32 = ?
   1. **Schritt**: (3+1) x 3 = **12**   (Ergebnis 1)
   2. **Schritt**: 8 x 2 = **16**   (Ergebnis 2)

   Lösung: 38 x 32 = **1'216**   (Ergebnis 1 vor Ergebnis 2)

Beispiel 2: 43 x 47 = ?

      1. Schritt: (4+1) x 4 = **20**   (1. Ergebnis)

      2. Schritt: 3 x 7 = **21**   (2. Ergebnis)

      Lösung: 38 x 32 = **2'021**   (Ergebnis 1 vor Ergebnis 2)

Beispiel 3: 51 x 59 = ?

      1. Schritt: (5+1) x 5 = **30**   (1. Ergebnis)

      2. Schritt: 1 x 9 = **9** – wir wollen hier ein 2-stelliges Ergebnis

      – also schreiben wir **09**   (2. Ergebnis)

      Lösung: 38 x 32 = **3'009**   (Ergebnis 1 vor Ergebnis 2)

Und ab hier zum selber rechnen:

Beispiel 4: 24 x 26 = ?

      1. Schritt: (2+1) x 2 =   ___

      2. Schritt: 4 x 6 =   ___

      Lösung: 24 x 26 =   _____

Beispiel 5: 15 x 15 = ?

      1. Schritt: (1+1) x 1 =   ___

      2. Schritt: 5 x 5 =   ___

      Lösung: 15 x 15 =   _____

Beispiel 6: 62 x 68 = ?

        1. Schritt: ___

        2. Schritt: ___

        Lösung: 1.Ergebnis, dann 2.Ergebnis= _____

Beispiel 7: 76 x 74 = ?

        1. Schritt: ___

        2. Schritt: ___

        Lösung: 1.Ergebnis, dann 2.Ergebnis = _____

Beispiel 8: 87 x 83 = ?

        1. Schritt: ___

        2. Schritt: ___

        Lösung: 1.Ergebnis, dann 2.Ergebnis = _____

Beispiel 9: 99 x 91 = ?

        1. Schritt: ___

        2. Schritt: ___

        Lösung: 1.Ergebnis, dann 2.Ergebnis = _____

Formel für Fortgeschrittene zur Überprüfung am Beispiel 51x59:

a:	erste Ziffer von der 1. und der 2.Zahl	(Beispiel: 5)
b:	zweite Ziffer der ersten Zahl	(Beispiel: 1)
10-b:	zweite Ziffer der zweiten Zahl	(Beispiel: 9)

Dann lautet die Multiplikation algebraisch:

$(10a+b) \times (10a+10-b)$ $= 100a^2 + 10ab + 100a + 10b - 10ab - b^2$

gekürzt: $= 100a^2 + 100a + 10b - b^2$

                            $= 100a\,(a+1) + b\,(10-b)$

- Die 100 sorgt dafür, dass das Ergebnis um 2 Stellen nach links geschoben wird,
- a(a+1) entspricht der Regel für die Berechnung der linken beiden Stellen.
- .. und b(10-b) entspricht der Multiplikation der beiden rechten Ziffern (die sich auf 10 addieren).

Quadrieren von Zahlen mit Endziffer 5

Das Quadrieren von Zahlen mit der Endziffer 5 ist ein Sonderfall der vorherigen Regel, da diese in dem Fall auch mit dreistelligen Zahlen (und mehr) anwendbar ist.

Gilt für beliebige Zahlen mit Endziffer 5, die man quadriert, sogar für die 5 selbst (respektive 05).

So gehst Du vor:
1. **Schritt:** Erhöhe die 1. Ziffer der Zahl um 1 und multipliziere das Ergebnis mit der 1. Ziffer: → Ergebnis 1
2. **Schritt:** Nun multipliziere die beiden hinteren Ziffern – falls hinten je die 5 steht – dann ist das immer **25**.
3. **Schritt:** Für das Endresultat : Setze Ergebnis 1 vor die **25**

Beispiel 1: 35 x 35 = ?
    1. **Schritt:** (3+1) x 3 = 1**2**   (Ergebnis 1)
    2. **Schritt:** 5x5 = 25   (Ergebnis 2)
    3. **Schritt:** Setze Ergebnis 1 vor Ergebnis 2

    Lösung: 35 x 35 = **1'225**

Beispiel 2: 125 x 125 = ?

    1. **Schritt:** (12+1) x 12 = **156**   (Ergebnis 1)
    2. **Schritt:** 5x5 = **25**   (Ergebnis 2)
    3. **Schritt:** Setze Ergebnis 1 vor Ergebnis 2

    Lösung: 125 x 125 = **15625**

Und jetzt Du:

1): Berechne 15 x 15 = ?

2): Berechne 45 x 45 = ?

3): Berechne 85 x 85 = ?

4): Berechne 25 x 25 = ?

5): Berechne 205 x 205 = ?

6): Berechne 55 x 55 = ?

7): Berechne 1005 x 1005 = ?

8): Berechne 65 x 65 = ?

9): Berechne 95 x 95 = ?

10): Berechne 305 x 305 = ?

Multiplikation von 2 Zahlen, die nah an einer Zehnerbasis liegen

Gilt für: 2 Zahlen mit beliebig vielen Ziffern, die nah über oder unter einer Zehnerpotenz liegen.

Dabei wird unterschieden ob die Zahlen, die Du multiplizieren willst, **unter** (2a) oder **über** (2b) einer Zehnerpotenz liegen.

Beide Zahlen liegen unter einer Zehnerpotenz:

Zum Beispiel: 996x998 oder 99x93

Dann gehst Du so vor:

1. **Schritt:** Berechne die Differenz zwischen der Zehnerbasis und den beiden Zahlen (also 10 oder 100 etc. minus Zahl).
   → Ergebnis 1a und 1b.
2. **Schritt:** Subtrahiere beide Differenzen von 100 – oder Subtrahiere eine der Differenzen von der anderen Zahl →
   2. Ergebnis.
3. **Schritt**: Multipliziere die Differenzen
   (Ergebnis 1 * Ergebnis 2) miteinander:
   → 3. Teilergebnis.
4. **Schritt:** Setze die Ergebnisse zusammen.

1. Beispiel (nah 100): 93 x 86

    1. **Schritt:** Differenzen der beiden Zahlen zu 100:

               100 – 93 = **7**   → Ergebnis 1a

         oder   100 – 86 = **14** → Ergebnis 1b

    2. **Schritt:** Beide Differenzen von 100 abziehen

               → 2. Teilergebnis: **79**

    3. **Schritt:** Differenzen multiplizieren:

               14 x 7 = **98**   → 3 . Teilergebnis

    4. **Schritt:** Zusammensetzen, das 3. Teilergebnis kommt vor das 4.te Teilergebnis: **7998**

    Lösung: 93 x 86 = **7998**

1	0	0			1	0	0	**Schritt 1:**
-	9	3			-	8	6	Differenzen zu 100 bilden
=		7			=	1	4	**Ergebnis 1a und 1b**
			1	0	0			**Schritt 2:**
			-		7			7 von 100 abziehen
			-	1	4			14 von 100 abziehen
			=	7	9			**2.Ergebnis**
	1	4	x				7	**Schritt 3:** Differenzen multiplizieren
			=			9	8	**3.Ergebnis**
			7	9	9	8		Zusammensetzen von 2. und 3. Ergebnis **= Endergebnis**

2. Beispiel (nah 100): 94 x 83

1.Schritt: Differenzen der beiden Zahlen zu 100:

$$100 - 94 = \mathbf{6} \qquad \rightarrow \text{Ergebnis 1a}$$
$$\text{und } 100 - 83 = \mathbf{17} \qquad \rightarrow \text{Ergebnis 1b}$$

2.Schritt: Differenzen kreuzweise abziehen:

$$94 - 17 = \mathbf{77}$$
$$\textit{oder} \quad 83 - 6 = \mathbf{77} \qquad \rightarrow \text{Ergebnis 2}$$

3.Schritt: Differenzen multiplizieren:

$$6 \quad \text{x } 17 = \mathbf{102} \qquad \rightarrow \text{Ergebnis 3}$$

4.Schritt: Zusammensetzen,

Ergebnis 2 kommt vor / über das Ergebnis 3:

Da das Ergebnis 3 (102) eine 3-stellige Zahl ist, zählen wir die 7 und die 1 zusammen:

Lösung: 94 x 83 = **7802**

1	0	0			1	0	0	Schritt 1:
-	9	4			-	8	3	Differenzen zu 100 bilden
=		6			=	1	7	**Ergebnis 1a und 1b**
			1	0	0			Schritt 2:
			-	1	7			17 von 100 abziehen
			-		6			6 von 100 abziehen
			=	7	7			**Ergebnis 2**
	6		x		1	7		**Schritt 3:** Differenzen multiplizieren
			=	1	0	2		**Ergebnis 3**
			7	8	0	0		Zusammensetzen von Ergebnis 2 und 3 **= Endergebnis**

3. Beispiel (nah 100 mit Übertrag): 95 x 74

    1.Schritt: Differenzen der beiden Zahlen zu 100:

        $100 - 95 = 5$ $\rightarrow$ Ergebnis 1a

        und $100 - 74 = 26$ $\rightarrow$ Ergebnis 1b

    2. Schritt: Differenzen kreuzweise abziehen:

        $95 - 26 = 69$

        oder $74 - 5 = \mathbf{69}$ $\rightarrow$ Ergebnis 2

    3. Schritt: Differenzen multiplizieren:

        $5 \times 26 = \mathbf{130}$ (Ergebnis 3)

    4. Schritt: Zusammensetzen mit Übertrag:

1	0	0			1	0	0	**Schritt 1:**
-	9	5			-	7	4	Differenzen zu 100 bilden
=		5			=	2	6	**Ergebnis 1a und 1b**
			1	0	0			**Schritt 2:**
			-		5			5 von 100 abziehen
			-	2	6			26 von 100 abziehen
			=	6	9			**Ergebnis 2**
	5		x		2	6		**Schritt 3:** Differenzen multiplizieren
			=	1	3	0		**Ergebnis 3**
			7	0	3	0		Zusammensetzen von Ergebnis 2 und 3 **= Endergebnis**

4. **Beispiel (nah 100 mit Übertrag)**: 98 x 96
    1. Schritt: Differenzen der beiden Zahlen zu 100:
        100 − 98 = **2** → Ergebnis 1a
        100 − 96 = **4** → Ergebnis 1b
    2. Schritt: Differenzen kreuzweise abziehen:
        96 −4 = **92**
    oder 98 − 2 = **96**   → Ergebnis 2
    3. Schritt: Differenzen multiplizieren:
        2   x 4 = **8**   → Ergebnis 3
    4. Schritt: Zusammensetzen:

1	0	0			1	0	0	Schritt 1:
-	9	8			-	9	6	Differenzen zu 100 bilden
=		2			=		4	**1.und 2.Ergebnis**
			1	0	0			**Schritt 2:**
				-		2		7 von 100 abziehen
				-		4		14 von 100 abziehen
				=	9	4		**2.Ergebnis**
		2		x			4	**Schritt 3:** Differenzen multiplizieren
				=			8	**3.Ergebnis**
				9	4	0	8	Zusammensetzen von 2. und 3. Ergebnis **= Endergebnis**

5. Beispiel (mit 100 als Bezug), wobei die einzelnen Zahlen weit weg von 100 sind – zur Demonstration: 54 x 13

1. **Schritt:** Differenzen der beiden Zahlen zu 100:
   100 – 54 = **46** → Ergebnis 1a
   100 – 13 = **87** → Ergebnis 1b
2. **Schritt:** Differenzen kreuzweise abziehen:
   54 –87 = **-33**
   oder 13 – 46 = **-33**   → Ergebnis 2
3. **Schritt:** Differenzen multiplizieren:
   46 x 87 = **4002** → Ergebnis 3
4. **Schritt:** Zusammensetzen

1	0	0			1	0	0	Schritt 1:
-	5	4			-	1	3	Differenzen zu 100 bilden
=	4	6			=	8	7	1.und 2.Ergebnis
			1	0	0			Schritt 2:
			-	4	6			46 von 100 abziehen
			-	8	7			87 von 100 abziehen
		=	-	3	3			2.Ergebnis
	4	6		x		8	7	Schritt 3: Differenzen multiplizieren
			=	4	0	0	2	3.Ergebnis
				0	7	0	2	Zusammensetzen von 2. und 3. Ergebnis = Endergebnis

Da Ergebnis 2 negativ ist, rechnen wir das auch so.
Das Ergebnis 3 – 4002 ist eine 4-stellige Zahl, entsprechend rechnen wir:
Lösung: 54 x 13 = **702**

Merke: Es funktioniert also auch m t Zahlen, die weit kleiner sind, als 100.

Abgrenzung: Damit wir im Ergebnis 2 keine negative Zahl erhalten, dürfen beide Zahlen zusammengezählt nicht kleiner als 100 sein, oder ihre Differenzen zu 100 nicht grösser als 100.
Damit haben wir verstanden was «nah von 100» genau bedeutet

Sinnvoll scheint mir diese Methode bei Multiplikationen mit Zahlen ab 80x80.

6. Beispiel (nah 1000): 998 x 899

1. Schritt: Differenzen der beiden Zahlen zu 1000:
   1000 – 998 = 2   → Ergebnis 1a
   1000 – 899 = 101   → Ergebnis 1b
2. Schritt: Differenzen kreuzweise abziehen:
        998 – 101 = 897
   oder 899 – 2   = **897**   → Ergebnis 2
   Oder beide Differenzen von 1000 abziehen
3. Schritt: Differenzen multiplizieren:
        2   x 101 = **202**   → Ergebnis 3
4. Schritt: Zusammensetzen, das23. Teilergebnis kommt
   vor / über das 3.te Teilergebnis:

1	0	0	0		1	0	0	0	**Schritt 1:**
-	9	9	8		-	8	9	9	Differenzen zu 100 bilden
=			2		=	1	0	1	**1.und 2.Ergebnis**
	1	0	0	0					**Schritt 2:**
	-	1	0	1					46 von 100 abziehen
	-			2					87 von 100 abziehen
	=	8	9	7					**2.Ergebnis**
	2		X		1	0	1		**Schritt 3:** Differenzen multiplizieren
					=	2	0	2	**3.Ergebnis**
		8	9	7	0	2	2		Zusammensetzen von 2. und 3. Ergebnis **= Endergebnis**

"Ubuntu": Ich bin, weil wir sind!

Ein europäischer Forscher bot hungrigen Kindern eines afrikanischen Stammes ein Spiel an. Er stellte jenen Korb mit süssen Früchten an einen Baum und sagte ihnen, wer zuerst dort sei, gewinne alles Obst. Als er ihnen das Startsignal gab, nahmen sie sich gegenseitig an den Händen, gingen gemeinsam los, setzten sich dann zusammen hin und genossen die Leckereien. Als er sid efragte, weshalb sie alle zusammen gelaufen sind, wo doch jeder die Chance hatte, die Früchte für sich selbst zu gewinnen, sagten sie: «Ubuntun – wie kann einer von uns froh sein, wenn alle anderen traurig sind?»

Ubuntu heisst in ihrer Kultur: «Ich bin, weil wir sind». Quelle unbekannt.

Dieser Trick funktioniert nicht nur für 2 Zahlen, die kleiner sind als eine Zehnerpotenz, also 10, 100 oder noch mehr Nullen.

Dieser Trick funktioniert auch für 2 Zahlen, die grösser sind als eine Zehnerpotenz. Wir müssen aber ein bisschen anders vorgehen:

So gehst Du vor:

1. Schritt: Berechne die Differenz zwischen der Zehnerbasis und den beiden Zahlen (also 10 oder 100 etc. **plus** Zahl). → Ergebnis 1a und 1b.
2. Schritt: **Addiere*** dann die Differenzen kreuzweise zu den Zahlen → Ergebnis 2.
   * Das ist der einzige Unterschied zu vorher
3. Schritt: Multipliziere die Differenzen (Ergebnis 1a x Ergebnis 1b) miteinander → Ergebnis 3.
4. Schritt: Setze die Teilergebnisse zusammen.

Hinweis: Wenn das Ergebnis 3 bei einer Rechnung mit 100 mehr als zwei Stellen und bei einer Rechnung mit 1000 mehr als drei aufweist, musst Du den Übertrag zum Ergebnis 2 hinzuaddieren!

1. Beispiel :   106 x 110 = ?

 1. Schritt: Berechne die Differenz zwischen der Zehnerbasis und den beiden Zahlen
     106 – 100 = 6 → Ergebnis 1a
    und 110 – 100 = 10 → Ergebnis 1b

 2. **Schritt:** Addiere die eine Differenz zur anderen Zahl:
   100 + 6 + 10 = 116
   oder addiere beide Differenzen zu 100:
   110 + 6 = **116**   → Ergebnis 2

 3. **Schritt:** Multipliziere die Differenzen:
   6 x 10 = **60**   → Ergebnis 3

 4. **Schritt:** Zusammensetzen:

	1	0	6			1	1	0	Schritt 1:
-	1	0	0		-	1	0	0	Differenzen zu 100 bilden
=			6		=		1	0	**Ergebnis 1a** und **1b**
		1	0	0					Schritt 2:
	+			6					6 zu 100 dazuzählen
	+		1	0					10 dazuzählen
	=	1	1	6					**2.Ergebnis**
	6		X		1	0			**Schritt 3:** Differenzen multiplizieren
				=	6	0			**3.Ergebnis**
		1	1	6	6	0			Zusammensetzen von 2. und 3. Ergebnis **= Endergebnis**

2. Beispiel :   115 x 128 = ?

1. Schritt: Berechne die Differenz zwischen der Zehnerbasis und den beiden Zahlen

$$115 - 100 = 15 \quad \rightarrow \text{Ergebnis 1a}$$
und $128 - 100 = 28 \quad \rightarrow \text{Ergebnis 1b}$

2. Schritt: Addiere die eine Differenz zur anderen Zahl:

128 + 15 = 143

oder addiere beide Differenzen zu 100:

100 + 15 + 28= **143**   → Ergebnis 2

3. Schritt: Multipliziere die Differenzen:

15 x 28 = **420**   → Ergebnis 3

4. Schritt: Zusammensetzen:

	1	1	5			1	2	8		**Schritt 1:**
-	1	0	0		-	1	0	0		Differenzen zu 100 bilden
=		1	5		=		2	8		**Ergebnis 1a** und **1b**
		1	0	0						**Schritt 2:**
	+		1	5						6 zu 100 dazuzählen
	+		2	8						10 dazuzählen
	=	1	4	3						**2.Ergebnis**
1	5		X		2	8				**Schritt 3:** Differenzen multiplizieren
			=	4	2	0				**3.Ergebnis**
		1	4	7	2	0				Zusammensetzen von 2. und 3. Ergebnis **= Endergebnis**

Beachte, dass die 4 von 420 zur 3 von 143 dazugezählt wird.

Siehe Hinweis am Anfang dieser Übung: Wenn das Ergebnis 3 mit der Rechnung mit Zahlen rund um 100 mehr als 2 Stellen hat, dann musst Du dieses als Übertrag zum Ergebnis 2 dazuzählen.

Eine Geschichte: Das erste Zeichen einer Zivilisation

Vor Jahren wurde die Anthropologin Margaret Mead von einem Studenten gefragt, was ihrer Meinung nach das erste Zeichen der Zivilisation in einer Kultur sei.

Die Studentin erwartete, dass Mead von Angelhaken, Tontöpfen oder Schleifsteinen sprechen würde.

Aber nein. Mead sagte, dass das erste Zeichen der Zivilisation in einer alten Kultur ein Oberschenkelknochen war, der gebrochen und dann geheilt worden war. Mead erklärte, dass man im Tierreich stirbt, wenn man sich das Bein bricht. Man kann nicht mehr vor einer Gefahr weglaufen, zum Fluss gehen, um zu trinken, oder nach Nahrung jagen. Man ist Fleisch für herumstreunende Tiere. Kein Tier überlebt einen Beinbruch lange genug, damit der Knochen heilen kann.

Ein gebrochener Oberschenkelknochen, der verheilt ist, ist der Beweis dafür, dass sich jemand die Zeit genommen hat, bei demjenigen zu bleiben, der gestürzt ist, die Wunde zu verbinden, das Wesen in Sicherheit zu bringen und es während der Genesung zu pflegen. Einem anderen durch Schwierigkeiten zu helfen, ist der Beginn der Zivilisation", sagte Mead.

Wir sind am besten, wenn wir anderen dienen. Seid zivilisiert.

Die Anthropologin Margaret Mead.
Anthropologen betreiben Menschenkunde, erforschen die Geschichte der
Menschheit und ihrer Abstammung.

Eine Zahl über und eine Zahl unter einer Zehnerpotenz

In diesem Fall muss mit negativen Überträgen gerechnet werden. Ansonsten geht man analog zu 2a vor.

Gilt für: 2 Zahlen mit beliebig vielen Ziffern, die nah über oder unter einer Zehnerpotenz liegen.

Vorgehen:

1. **Schritt:** Berechne die Differenz zwischen der Zehnerbasis und den beiden Zahlen (also 10 oder 100 etc. minus Zahl). → Ergebnis 1a und 1b.
2. **Schritt:** Subtrahiere beide Differenzen von 100 – oder subtrahiere eine der Differenzen von der anderen Zahl → 2. Ergebnis.
3. **Schritt**: Multipliziere die Differenzen (Ergebnis 1 * Ergebnis 2) miteinander: → 3. Teilergebnis.
4. **Schritt:** Setze die Ergebnisse zusammen.

1. Beispiel: 88 x 102

1. **Schritt:** Differenzen der beiden Zahlen zu 100:

    100 − 88   = **12**   → Ergebnis 1a

    oder   100 - 102 =   -2   → Ergebnis 1b

2. **Schritt:** Beide Differenzen von 100 abziehen

    100 − 12 − (-2) = **90**   → 1. Ergebnis

3. **Schritt:** Differenzen multiplizieren:

    12 x 2 = **-24**   → 2. Ergebnis

    - 24 wird dargestellt als − 100 (Übertrag) + 76

4. **Schritt:** Zusammensetzen, das 1. Ergebnis kommt vor das 2. Ergebnis: **8976**

    Lösung: 88 x 102 = **8976**

1	0	0			1	0	0	Schritt 1:
-	8	8		-	1	0	2	Differenzen zu 100 bilden
=	1	2		=	-		2	**Ergebnis 1a und 1b**
		1	0	0				**Schritt 2:**
	-		1	2				7 von 100 abziehen
	-	-		2				-2 von 100 abziehen (2 x das Minuszeichen → ein Plus.
	=	9	0					**2.Ergebnis**
1	2	x		-	2			**Schritt 3:** Differenzen multiplizieren
		=	-	2	4			**3.Ergebnis**
		-	1	0	0			- 24 = - 100 + 76
			+	7	6			
		8	9	7	6			Zusammensetzen von 2. und 3. Ergebnis = **Endergebnis**

Multiplikation mit 11

Zur einfachen Multiplikation einer Zahl mit 11 schreibt man die Zahl zweimal untereinander, wobei man sie um eine Ziffer versetzt. Anschliessend wird ziffernweise addiert. Dabei können Überträge entstehen.

Gilt für: Alle Zahlen, inklusive 0.

Beispiel 1: 423 x 11 = ?

4	2	3	(0)	Die Zahl selbst wird hingeschrieben..
+	4	2	3	..und um eins nach rechts versetzt erneut hingeschrieben
4	**6**	**5**	**3**	Und dann werden beide Zahlen addiert.

Beispiel 2 – diesmal mit Übertrag: 857 x 11 = ?

8	5	7	(0)	Die Zahl selbst wird hingeschrieben..
+	8	5	7	..und um eins nach rechts versetzt erneut hingeschrieben
1	1			Übertrag, wir rechnen von hinten nach vorn.
9	**4**	**2**	**7**	Und dann werden beide Zahlen addiert.

Beispiel 3 – diesmal mit noch mehr Übertrag: 987 x 11 = ?

		9	8	7	(0)	Die Zahl selbst wird hingeschrieben..
+			9	8	7	..und um eins nach rechts versetzt erneut hingeschrieben
1	1	1				Übertrag, wir rechnen von hinten nach vorn.
1	0	8	5	7		Und dann werden beide Zahlen addiert.

Übungen für Dich:

(1) Berechne 123 x 11.

(2) Berechne 1453 x 11.

(3) Berechne 98765 x 11.

(4) Berechne 15 x 11.

(5) Berechne 6 x 11.

(6) Berechne 0 x 11 mit der gleichen Formel.
Das dient zur Abgrenzung, Du kannst erkennen, dass es wirklich auch mit 0 funktioniert.

(7) Berechne 10'000 x 11.

Eine Geschichte: Den Monster Liebe & Frieden schicken

Dieses Mädchen steht auf herzbedrucktem Papier... 🩶
Ihr Vater hat sie gefragt, was sie da tut... 🐾

Sie sagte:
„Ich sende den Menschen auf der Welt Liebe 🩶 *& Frieden* 🕊️
& den Monstern, um sie nett zu machen... "

DAS sind die Heiler unserer Welt... 🩶

Überprüfen der Grössenordnung:

Wenn Du Dir nicht sicher bist, ob Du die erste Ziffer des 3. Ergebnisses mit der letzten des 2.ten Ergebnisses zusammenzählen sollst, dann kannst Du folgende Überlegung anstellen:

- **3-stellige Ergebnisse:** 10 x 10 = 100,
  - wenn die beiden Zahlen etwas grösser sind als 10, wird das Ergebnis etwas grösser sein als 100:
    Beispiel: 12x14 = 168
  - Wenn die beiden Zahlen etwas kleiner sind als 10, wird das Ergebnis etwas kleiner sein als 100:
    Beispiel: 8x7 = 56
- **4-stellige Ergebnisse:** Der Übergang zu 1000 – also 4-stelligen Zahlen ist etwa zwischen 31 x 31 =961 und 32x32 = 1'024. Je nach Zahlenpaar ist die eine etwas grösser und die andere etwas kleiner.
- **5-stellige Ergebnisse:** 100 x 100 = 10'000
  - wenn die beiden Zahlen etwas grösser sind als 100, wird das Ergebnis etwas grösser sein als 10'000:
    Beispiel: 105x120 = 12'600
  - Wenn die beiden Zahlen etwas kleiner sind als 100, wird das Ergebnis etwas kleiner sein als 10'000:
    Beispiel: 98 x 95 = 9'310
- **6-stellige Ergebnisse:** Der Übergang zu 100'000 – also 6-stelligen Zahlen ist etwa zwischen 310 x 310 = 96'100 und 320x320 = 102'400. Je nach Zahlenpaar ist die eine etwas grösser und die andere etwas kleiner.

Multiplikation von 2 **beliebigen** zweistellige Zahlen

Auch hier greift die vedische Regel „vertikal und kreuzweise".

1. **Schritt:** Multipliziere die 1. Ziffern der beiden Zahlen
   → Ergebnis 1.
2. **Schritt:** Multipliziere die 2. Ziffer beider Zahlen
   miteinander   → Ergebnis 2.
3. **Schritt:** Multipliziere die 1. Ziffer der 1. Zahl
   mit der 2. Ziffer der 2. Zahl   → Ergebnis 3a
   Multipliziere die 2. Ziffer der 1. Zahl
   mit der 1. Ziffer der 2. Zahl   → Ergebnis 3b
4. **Schritt:** Addiere die 4 Ergebnisse mit Übertrag.

Achtung: Wenn Du Ergebnisse hast, die nur eine Stelle haben, dann setze eine 0 davor.

			Erg	3a	
	Erg	1	Erg	2	
		Erg	3b		
Übertrag:					
Summe:					

Alternative Schreibweise:

Je nach Quelle und Autor wird auch folgende Schreibweise verwendet, hier am Beispiel: 56 x 23:

$$
\begin{array}{ccc}
5 & & 6 \\
\cdot\downarrow & \times & \cdot\downarrow \\
2 & & 3
\end{array}
$$

Schritt 1:	10			Erste Spalte multiplizieren (10)
		15		Beide Kreuzprodukte bilden
		+12	18	Rechte Spalte multiplizieren
		=27		(18)
Schritt 2:	10	28	8	28 = 27 + 1 (Übertrag von 18)
Schritt 3:	12	8	8	12 = 10 + 2 (Übertrag von 28)

Beispiel (ohne Übertrag): 35 x 12

1. **Schritt**: Multipliere die beiden vorderen Ziffern:
   1.Zahl, 1.Ziffer x 2.te Zahl, 1.Ziffer
   3 x 1 = **3** (schreibe 03)   → Ergebnis 1
2. **Schritt**: Multipliziere die beiden hinteren Ziffern:
   1.Zahl, 2.Ziffer x 2.te Zahl, 2.Ziffer
   5 x 2 = **10**   → Ergebnis 2
3. **Schritt**: Multipliziere hinten und vorne,
   vorne und hinten:
   Also die Ziffern 1.2 x 2.1 und 1.1 x 2.2
   5 x 1 = **5** (schreibe 05)   → Ergebnis 3a
   3 x 2 = **6** (schreibe 06)   → Ergebnis 3b
   und schreibe sie mittig oben und unten
   ins Kreuz.
4. **Schritt**: Zusammenzählen:

35x12=		0	5	
	0	3	1	0
		0	6	
Übertrag:		1		
Summe:		4	2	0

Beispiel (mit Übertrag): 64 x 35

1. **Schritt:** Multipliziere die beiden vorderen Ziffern:
   1.Zahl, 1.Ziffer x 2.te Zahl, 1.Ziffer
   6 x 3 = **18** → Ergebnis 1
2. **Schritt:** Multipliziere die beiden hinteren Ziffern:
   1.Zahl, 2.Ziffer x 2.te Zahl, 2.Ziffer
   4 x 5 = **20** → Ergebnis 2
3. **Schritt:** Multipliziere hinten und vorne,
   vorne und hinten:
   Also die Ziffern 1.2 x 2.1 und 1.1 x 2.2
   4 x 3 = **12** → Ergebnis 3a
   6 x 5 = **30** → Ergebnis 3b
   und schreibe sie mittig oben und unten
   ins Kreuz.
4. **Schritt:** Zusammenzählen:

64 x 35=		1	2		
	1	8	2	0	
		3	0		
Übertrag:	1				
Summe:	2	2	4	0	

Zusatzaufgabe: Überprüfe die Grössenordnung.

Zur Übung und zur Abgrenzung ein Beispiel mit kleinen zweistelligen Zahlen: 10 x 11

Schreibe alle Zahlen 2-stellig: Wenn das Ergebnis nur eine Stelle hat, schreibe eine 0 davor – damit Du weisst, welche Spalten übereinander geschrieben werden.

1. **Schritt:** Multipliere die beiden vorderen Ziffern:
   1.Zahl, 1.Ziffer x 2.te Zahl, 1.Ziffer
   1 x 1 = **1**   → Ergebnis 1
2. **Schritt**: Multipliziere die beiden hinteren Ziffern:
   1.Zahl, 2.Ziffer x 2.te Zahl, 2.Ziffer
   0 x 1 = **0**   → Ergebnis 2
3. **Schritt:** Multipliziere hinten und vorne,
   vorne und hinten:
   Also die Ziffern 1.2 x 2.1 und 1.1 x 2.2
   1 x 1 = **1** (schreibe 01)   → Ergebnis 3a
   0 x 1 = **0** (schreibe 00   → Ergebnis 3b
   und schreibe sie mittig oben und unten
   ins Kreuz.
4. **Schritt**: Zusammenzählen:

10x11=		0	1	
	0	1	0	0
		0	0	
Übertrag:				
Summe:		1	1	0

Zusatzaufgabe: Überprüfe die Grössenordnung.

Zur Übung und zur Abgrenzung ein Beispiel mit grossen zweistelligen Zahlen: 99 x 99

1. **Schritt:** Multipliere die beiden vorderen Ziffern:
   1.Zahl, 1.Ziffer x 2.te Zahl, 1.Ziffer
   9 x 9 = **81**   → Ergebnis 1
2. **Schritt:** Multipliziere die beiden hinteren Ziffern:
   1.Zahl, 2.Ziffer x 2.te Zahl, 2.Ziffer
   9 x 9 = **81**   → Ergebnis 2
3. **Schritt:** Multipliziere hinten und vorne,
   vorne und hinten:
   Also die Ziffern 1.2 x 2.1 und 1.1 x 2.2
   9 x 9 = 81   → Ergebnis 3a
   9 x 9 = 81   → Ergebnis 3b
   und schreibe sie mittig oben und unten
   ins Kreuz.
4. **Schritt:** Zusammenzählen:

99x99=		8	1	
	8	1	8	1
		8	1	
Übertrag:	1	1		
Summe:	9	7	0	1

Zusatzaufgabe: Überprüfe die Grössenordnung.

Bruchrechnung

Wenn Du Brüche schnell addieren oder subtrahieren möchtest, kannst Du ebenfalls mit der Regel „vertikal und kreuzweise" arbeiten.

1. Brüche addieren

1. **Schritt**: Multipliziere den Zähler des 1. Bruchs mit dem Nenner des 2. → 1. Teilergebnis
2. .. und multipliziere den Zähler des 2. Bruchs mit dem Nenner des 1. → 2.Teilergebnis
3. **Schritt**: Addiere Teilergebnis 1 und 2 → neuer Zähler.
4. **Schritt**: Multipliziere beide Nenner → neuer Nenner.

Beispiel: ¾ + ⅕

1. **Schritt**: Zähler 2 * Nenner 1: 3 x 5 = 15
   → 1. Teilergebnis
2. **Schritt**: Zähler 1 * Nenner 2: 4 x 1 = 4
   → 2. Teilergebnis
3. **Schritt**: Teilergebnis 1 und 2 addieren:
   15 + 4 = **19** (neuer Zähler)
4. **Schritt**: Multipliziere beide Nenner:
   4 x 5 = **20** (neuer Nenner)
   Ergebnis: ¾ + ⅕ =**19/20**

Als Formel dargestellt sieht dieses Vorgehen folgendermassen aus:

$$\frac{3}{4} + \frac{1}{5} = \frac{3 \times 5 + 1 \times 4}{4 \times 5} = \frac{19}{20}$$

2. Brüche subtrahieren

1. **Schritt**: Multipliziere den Zähler des 1. Bruchs mit dem Nenner des 2 → Ergebnis 1
2. **Schritt**: Multipliziere den Zähler des 2. Bruchs mit dem Nenner des 1 → Ergebnis 2
3. **Schritt**: Subtrahiere Ergebnis 2 von Ergebnis 1
   → neuer Zähler.
4. **Schritt**: Multipliziere beide Nenner → neuer Nenner.

Beispiel: ¾ - ⅕

1. **Schritt**: Zähler 2 * Nenner 1: 3 x 5 = 15
   → Ergebnis 1
2. **Schritt**: Zähler 1 * Nenner 2: 4 x 1 = 4
   → Ergebnis 2
3. **Schritt**: Ergebnis 1 und 2 subtrahieren:
   15 - 4 = **11** (neuer Zähler)
4. **Schritt**: Multipliziere beide Nenner:
   4 x 5 = **20** (neuer Nenner)

Endergebnis: ¾ + ⅕ = $^{11}/_{20}$

Als Formel dargestellt sieht dieses Vorgehen folgendermassen aus:

$$\frac{3}{4} - \frac{1}{5} = \frac{3 \times 5 - 1 \times 4}{4 \times 5} = \frac{11}{20}$$

Zusammenfassend nochmals die Formeln für die Addition und die Subtraktion von Brüchen, zusammen mit den algebraischen Formeln:

Beispiel zur Addition: $\dfrac{2}{3} + \dfrac{1}{5} = \dfrac{2 \cdot 5 + 1 \cdot 3}{3 \cdot 5} = \dfrac{10 + 3}{15} = \dfrac{13}{15}$

Formel zur Addition: $\dfrac{a}{b} + \dfrac{c}{d} = \dfrac{a \cdot d + b \cdot c}{b \cdot d}$

Beispiel zur Subtraktion: $\dfrac{6}{7} - \dfrac{2}{3} = \dfrac{6 \cdot 3 - 2 \cdot 7}{7 \cdot 3} = \dfrac{18 - 14}{21} = \dfrac{4}{21}$

Formel zur Subtraktion: $\dfrac{a}{b} - \dfrac{c}{d} = \dfrac{a \cdot d - b \cdot c}{b \cdot d}$

3. Brüche multiplizieren

1. **Schritt:** Multipliziere beide Zähler → Neuer Zähler
2. **Schritt:** Multipliziere beide Nenner → Neuer Nenner

Beispiel: $^1/_4$ x $^3/_7$

1. **Schritt:** Multipliziere beide Zähler: 1 x 3 = 3
2. **Schritt:** Multipliziere beide Nenner: 4 x 7 = 21

Ergebnis: $^1/_4$ x $^3/_7$ = $^4/_{21}$

Als Formel dargestellt:

$$\frac{1}{4} \times \frac{3}{7} = \frac{1\times3}{4\times7} = \frac{3}{28}$$

4. Brüche dividieren

1. **Schritt:** Multipliziere Zähler 1 x Nenner 2→Neuer Zähler
2. **Schritt:** Multipliziere Nenner 1 x Zähler 2→Neuer Nenner

Beispiel: $^2/_3$ **/** $^7/_6$

1. **Schritt:** Multipliziere Zähler 1 x Nenner 2: 2 x 6 = 12
2. **Schritt:** Multipliziere Nenner 1 x Zähler 2: 3 x 7 = 21

Ergebnis: $^2/_3$ **/** $^7/_6$ $= {}^{12}/_{21}$

Als Formel dargestellt:

$$\frac{2}{3} \; / \; \frac{7}{6} = \frac{2 \times 6}{3 \times 7} = \frac{12}{21}$$

Oder ein einfacher Trick: Vertausche beim 2.Bruch den Zähler und den Nenner und wende dann die Multiplikation an:

Also $^2/_3$ **/** $^7/_6$ = $^2/_3$ x $^6/_7$ =

Zur Erinnerung die beiden Schritte:

1. **Schritt:** Multipliziere beide Zähler   → Neuer Zähler
2. **Schritt:** Multipliziere beide Nenner → Neuer Nenner

Und damit rechnen wir:

1. **Schritt:** Multipliziere beide Zähler: 2 x 6 = 12
2. **Schritt:** Multipliziere beide Nenner: 3 x 7 = 21

   Ergebnis: $^2/_3$ **/** $^7/_6$ = $^{12}/_{21}$

Als Formel dargestellt:

$$\frac{2}{3} \,/\, \frac{7}{6} = \frac{2}{3} \times \frac{6}{7} = \frac{2 \times 6}{3 \times 7} = \frac{12}{21}$$

Eine längere Geschichte: Empathie wird als Fach an dänischen Schulen gelehrt

Dänemark ist derzeit das zweitglücklichste Land der Welt und hat den «*World Happyness Index*" oft übertroffen, der 2013 und 2016 den ersten Platz belegt.

In einem Land, in dem Gesundheitsversorgung und Bildung kostenlos sind, und egal, wo man sich befindet, man ist nie weiter als 52 km vom Meer entfernt, sind alle glücklich. Die Dänen glauben an Liebe, Freundschaft und Lachen.

Sie sind einige der mitfühlendsten Menschen der Welt Empathie und starke Gefühle der Zuneigung füreinander sind Kernwerte, die das Königreich Dänemark zu einem blühenden Ort des Friedens machen.

In einer Welt, in der viele Eltern ihre Kinder übermäßig verwöhnen und davon absehen. sie zu korrigieren. wenn sie gefühllos handeln, haben die Dänen eine Strategie entwickelt, um ihre Kultur der Liebe und eine echte Fürsorge für die menschliche Rasse zu bewahren. Sie haben Empathie als Fach in den nationalen Standard-Lehrplan aufgenommen und unglaubliche und kreative Mittel entwickelt, um Kindern beizubringen. was es bedeutet, Gefühle zu verstehen und zu teilen. Die Kinder lernen auch, sich mit verschiedenen emotionalen Zuständen auseinanderzusetzen uno entwickeln die Fähigkeit, Gefühle zu erkennen, die sie normalerweise nicht verstehen würden.

Das CAT-Kit – Programm:

Das Cognitive Affective Training Kit wurde ursprünglich von Psychologen in Dänemark entwickelt. Es ist ein Programm, das aus visuellen, interaktiven und anpassbaren Werkzeugen und Materialien besteht, die es Kindern ermöglichen, effektiv miteinander und mit Erwachsenen zu kommunizieren.

Eines der beliebtesten Werkzeuge im CAT-Kit ist das Messgerät, eine Nachahmung eines Thermometers mit den Stufen 0 bis 10. Kinder können damit die Intensität ihrer Gefühle messen. Ohne sie verbal erklären zu müssen. Wenn sie das Konzept und die Tiefe dieser Emotionen verstehen, können sie sie bei anderen Kindern identifizieren.

Das CAT-Kit ist über die Grenzen Dänemarks hinaus bekannt geworden und ist eines der nützlichsten Werkzeuge, um Empathie und Mitgefühl zu vermitteln.

Das Feelings-Tool besteht aus 100 verschiedenen ausdrucksstarken Gesichtern. Die Stimmungen in 10 verschiedenen Kategorien darstellen- Freude, Trauer, Angst, Liebe, Wut, Stolz, Scham, Überraschung, Geborgenheit und Ekel. Mit den richtigen Bildkarten können sie genau beschreiben, wie sie sich im Moment fühlen, ohne ihre Emotionen herunterzuspielen oder zu übertreiben.

Das Kreise-Werkzeug ermöglicht es Kindern, ihre Beziehungen zu Freunden und Familie zu beschreiben. Sie können mit diesem Tool auch ihre Verbundenheit mit ihren Interessen und Hobbys vermitteln.

Andere Werkzeuge sind der Körper, das Rad, die Check-Ins, das Jahr, die Woche, der Tag, die Ziehung und die Verhaltenspalette..

Das Schritt-für-Schritt Programm

Alle dänischen Schulkinder nehmen an einem Pflichtprogramm teil, bei dem ihre Gefühle aus dem Gesichtsausdruck der abgebildeten Kinder artikuliert werden. Den Kindern werden Karten von anderen Kindern gezeigt, die jede Emotion von Frustration und Schuld bis hin zu Traurigkeit und Angst ausdrücken könnten. Sie müssen dann diese Emotionen diskutieren und in Worte fassen, was das andere Kind fühlen könnte. Sie werden gelehrt. nicht voreingenommen oder unempfindlich gegenüber den Gefühlen anderer Menschen zu sein. Es ist einfacher, sich lustige Wege auszudenken. um sie wieder zum Lächeln zu bringen.

Kooperatives Lernen

Laut einer Überprüfung der dänischen Glücksprogramme durch Jessica Alexander von der CPH ist kooperatives Lernen eine der stärksten Strategien im System. Die Lehrer sind verpflichtet, Kinder mit unterschiedlichen Stärken und Schwächen zu gruppieren. Beispielsweise werden Kinder, die in bestimmten Bereichen außergewöhnlich gut sind mit anderen zusammengeschlossen. die in diesen Bereichen nicht so stark sind. In Turnhallenklassen können die energischeren Kinder mit den weniger aktiven gruppiert werden, während für Debatten die Extrovertierten mit introvertierten gruppiert werden.

Das mathematische Genie kann das Mauerblümchen beim Fußball sein und die Sportskanone könnte in der Chemie verloren gehen. Jeder hat seine Stärken und Schwächen.

Kooperatives Lernen ermöglicht es Kindern, sich gegenseitig zu stärken und zu motivieren. Sie lernen die Bedeutung von Teamarbeit und den Respekt vor den Fähigkeiten des anderen. Diejenigen, die in etwas besser sind, werden trainiert, andere mit Freundlichkeit und Liebe zu trainieren. Sie werden besser in ihren Fähigkeiten und lernen Empathie durch die Interaktion mit den Menschen um sie herum.

Die Mary-Foundation

Mobbing ist ein Problem, das lief in die Bildungssysteme auf der ganzen Welt eingedrungen ist und ein Problem schafft, für das niemand eine endgültige Lösung zu haben scheint. Die Mary Foundation in Dänemark, benannt nach der Prinzessin Mary von Dänemark, betreibt ein Anti-Mobbing-Programm für Kinder im Alter von drei bis acht Jahren. Die Kinder diskutieren über die Übel des Mobbing und wie es sich negativ auf ihr Leben auswirken würde. Sie lernen. wie wichtig es ist, sich nie gegenseitig zu necken und immer sensibel auf die Gefühle anderer Menschen zu reagieren. Andere Länder sollten sich an die dänische Linie halten.

Die Liebe bringt die Welt in Schwung. Dutzende von Nationen würden Milliarden für Kampagnen zur Förderung des Weltfriedens ausgeben, aber es könnte kostengünstig erreicht werden.

Beginnend auf der Basisebene mit den kleinen Bürgern: Sobald man jedem beibringt, sich in die Gefühle anderer Menschen einzufühlen, wird die Welt nicht mehr so zerschlagen wie heute. Jeder, der ein Gewaltverbrechen gegen einen Menschen oder eine Nation begangen hat, war einst ein unschuldiges Kind.

Im Alter von drei Jahren können sie ihr Wasser oder ihre Snacks mit einem anderen Kind geteilt haben.

Wenn sie nur trainiert würden, diese Güte und Zuneigung zu anderen Menschen zu bewahren.

Es gibt noch eine Chance. Die Erziehung von Kindern mit Empathie sorgt für erfolgreiche, mental stabile und emotional kompetente Erwachsene. Sie lernen, sensibel für die Gefühle anderer zu sein und interagieren selbstbewusst in der Gesellschaft. Andere Bildungssysteme auf der ganzen Welt können diese dänischen Methoden integrieren und auch neue Mittel entwickeln. Um Kindern beizubringen, einfühlsam und großherzig miteinander umzugehen.

Nach Aussage von Stephen Pinker: «Die menschliche Natur ist komplex. Selbst wenn wir eine Neigung zur Gewalt haben, haben wir auch eine Neigung zur Empathie, zur Kooperation und zur Selbstkontrolle.

Quelle: Bewusst-vegan-froh.de

Binäres Zählen mit den Fingern

Ich behaupte, dass ich mit meinen Fingern allein bis 1000 zählen kann. Wenn ich noch die beiden Hände und Füsse dazu nehme (nicht die Zehen), dann komme ich auf über 16'000.

Wir beschränken uns auf die erste Variante, die ist einfach zu handhaben, im wortwörtlichen Sinn.

Gern zeig ich Dir wie: Bis jetzt haben wir mit dem 10-er-System gearbeitet, wie das heute populär ist, und auch bei den Römern und Arabern, von denen unsere Zahlen abstammen gemacht wurde.

10-er System heisst: Mit einer Stelle können wir bis 10 zählen. (für diejenigen, die es genau nehmen: von 0 bis 9, also 10 verschiedene Zahlen mit jeweils einer Ziffer).

Und mit jeder neuen Stelle können wir 10x höher zählen, wenn wir also die erste neue Stelle dazu nehmen, den Zehner, oder die Zehnerstelle, dann können wir 10x höher rechnen, also bis und mit 100, respektive von 0 bis 99, für diejenigen, die es genau nehmen.

Mit der nächsten, der 100er-Stelle kommen wir wieder 10x höher, also bis 1000, respektive von 0-999, insgesamt 1000 verschiedene Zahlen.

Wenn Du Dir das Zifferblatt Deiner Uhr anschaust, dann siehst Du, dass es auch andere Systeme gibt: Es dauert 60 Sekunden, bis die nächste höhere Einheit eins höher schaltet, die Minute.

Und es dauert wieder 60 Minuten, bis die nächste höhere Einheit eins höher schaltet, die Stunde.

Bei den Computern gibt es das Binär-System, welches nur 0 und 1 kennt. Wer höher zählen will als bis zur 1, der muss eine zweite Stelle dazunehmen, im Binärsystem ist das die Zweierstelle. (Beim 10-er System ist die zweite Stelle der 10er.).

Wenn wir im Zehnersystem Zehner, Hunderter, Tausender, Zehntausender haben, dann haben wir im Zweier- oder Binärsystem Einer, Zweier, Vierer, Achter, Sechzehner, Zweiunddreissiger und so weiter.

Im Zehnersystem rechnet man mal 10 um die nächsthöhere Stelle zu benennen, im Zweiersystem rechnet man mal 2 um die nächsthöhere Stelle zu benennen.

Ich stelle hier die 2er binäre Darstellung gegenüber zur 10er Darstellung, die Du schon kennst:

10er	Binär	Erklärung
0	0	0 Einer
1	1	1 Einer
2	10	10 = 1 Zweier und 0 Einer
3	11	11 = 1 Zweier und 1 Einer
4	100	1 Vierer, 0 Zweier, 0 Einer
5	101	1 Vierer, 0 Zweier, 1 Einer
6	110	1 Vierer, 1 Zweier, 0 Einer
7	111	1 Vierer, 1 Zweier, 1 Einer
8	1000	1 Achter, 0 Vierer, 0 Zweier, 0 Einer

Eine Stelle im Binären System kann für eine 0 oder eine 1 stehen.

Und jetzt kommt die Übersetzung auf die Finger: Jeder Finger kann gestreckt sein oder eingezogen, also auch 2 Zustände abbilden.

Wir halten also die Hände vor uns so hin, dass die beiden Daumen nach aussen zeigen und die beiden kleinen Finger sich fast berühren.

Der linke Daumen steht für die Einerstelle, der linke Zeigfinger für die Zweiterstelle, der linke Mittelfinger für die Viererstelle und so weiter, bis zum rechten Daumen: Der steht für die 1024-Stelle.

Wenn wir mit unseren 10 Fingern die 0 darstellen, dann sind alle Finger eingezogen.

Wenn wir eine 1 darstellen wollen, dann ist der linke Daumen ausgestreckt, und alle anderen sind eingezogen.

Wenn wir eine 5 darstellen wollen (siehe die Tabelle auf der vorhergehenden Seite), dann müssen wir das Muster 101 abbilden: Der linke Daumen ist ausgestreckt, der linke Zeigefinger eingezogen, der linke Mittelfinger ausgestreckt und alle anderen Finger eingezogen.

Übung: Zähle mit den Finger Deiner linken Hand so hoch wie Du kannst, wie hoch kannst Du zählen?

Frage: Mit jedem weiteren Finger, den Du miteinbeziehst: Wie viel grösser wird der Zahlenbereich, den Du zählen kannst?

Übung: Für die folgenden binären Zahlen, wie lautet die Dezimale Zahl?

Binär	Dezimal
010	
1110	
111	
10101	
010111	
11111	
1100101	
101010101	

Binär	Dezimal
001	
01110	
0111	
010101	
0010111	
011111	
01100101	
0101010101	

Frage: Wenn Du die binären Zahlen der beiden Spalten links und rechts vergleichst, was bemerkst Du?

Frage: Wenn Du die dezimalen Zahlen der beiden Spalten links und rechts vergleichst, was bemerkst Du?

Übung: Zähle mit den Finger Deiner beiden Hände so hoch wie Du kannst, wie hoch kannst Du zählen?

Frage: Wenn Du noch die Hände dazu nimmst, indem Du eine Hand hoch- oder herunterklappst, und das jeweils für eine weitere binäre Stelle steht, wie hoch kannst Du dann zählen?

Frage: Wenn Du noch die Füsse dazu nimmst, und jeweils einen Fuss hoch- oder runterklappst, zusätzlich zu den Händen, wie hoch kannst Du dann zählen?

Jetzt verstehst Du, was binäre Zahlen sind.

Dann verstehst Du sicher auch diesen Witz:

Es gibt 10 verschiedene Typen von Kindern:

Diejenigen, welche binäre Zahlen verstehen, und die andern.

Wie viel ist eigentlich ein Kilobyte, Megabyte, Terabyte?

Unsere Telefone, Computer, ja sogar Waschmaschinen werden heute mit Angaben zum Speicher verkauft. Mein Handy hat 256GB Speicherplatz und 32GB RAM – ganz schneller Speicherplatz, der beim Ausschalten gelöscht wird.

Aber wieviel ist denn nun ein Gigabyte?

David Wellmann hat das anhand von Reis dargestellt.

Wenn wir uns etwas Abstraktes merken wollen, das wirst Du im 2.Buch sehen, dann müssen wir dieses an etwas konkretes festmachen – und genau das macht David Wellmann, indem er diese abstrakten Grössen an Reis anbindet:

Hier ist seine Aufstellung, angepasst für Schweizer Verhältnisse:

1 Byte	Damit kann ein Buchstabe gespeichert werden. Das Wort 'Byte' braucht also 4 Bytes um gespeichert zu werden.	Ein Korn Reis
1 Kilobyte	= 1000 Bytes	Eine Tasse Reis
1 Megabyte	= 1000 Kilobytes	8 Säcke Reis
1 Gigabyte	= 1000 Megabytes	3 Container-LKW's
1 Terabyte	= 1000 Gigabytes	2 Container-Schiffe Die meisten Computer und mittlerweile viele Handys haben einen Speicher, der etwa so gross ist.
1 Petabyte	= 1000 Terabytes	Bedeckt die gesamte Fläche der Stadt Schaffhausen und noch etwas mehr.
1 Exabyte	= 1000 Petabytes	Bedeckt zweimal die gesamte Fläche von Deutschland. Youtube wollte 2010 seinen Speicher auf 1 Exabyte ausbauen.
Zettabyte	= 1000 Exabytes	Füllt den ganzen Pazifik

Dieses Buch umfasst etwa 150'000 Buchstaben – ohne Bilder entspricht das etwa 146 Tassen Reis.

Alles ist 9

Schon Nikola Tesla hat die Bedeutung der 3, 6 und der 9 hervorgehoben.

Ich zeig Dir warum: Mach Dich gefasst auf eine spannende Reise:

a) Wir können Additionen überprüfen

Und das geht an einem Beispiel so:

$$15 + 11 = 26$$

Schritt 1: Das überprüfen wir, indem wir indem wir von den 15 und 11 jeweils die Quersumme berechnen, und die beiden zusammenzählen, also: 1+5+1+1 = 8

Schritt 2: Dieses Ergebnis ziehen wir von 26, der Summe der Addition ab: 26-8 = 18.

Schritt 3: Und von diesem Ergebnis der Subtraktion nehmen wir wieder die Quersumme, also 1 + 8 = 9.

Wenn die Quersumme nicht 9 ist, dann haben wir einen Rechenfehler drin.

Du kannst das selbst überprüfen mit folgenden Zahlen:

19 + 15 = _____

Du bildest die Quersumme von 19 + 15 : _____

Du ziehst diese Quersumme von der Summe ab: _____

Und errechnest aus dieser Summe die Quersumme: _____

Das geht auch mit einstelligen Zahlen:

6 + 7 = _____

Du bildest die Quersumme von 6 + 7 : _____

Du ziehst diese Quersumme von der Summe ab: _____

Und errechnest aus dieser Summe die Quersumme: _____

Und es geht auch mit gemischten Längen von Zahlen:

15 + 8 = _____

Du bildest die Quersumme von 15 + 8 : _____

Du ziehst diese Quersumme von der Summe ab: _____

Und errechnest aus dieser Summe die Quersumme: _____

Es geht auch mit viel grösseren Zahlen:

7163 + 1882 = _____

Du bildest die Quersumme von 7163 + 1882: _____

Du ziehst diese Quersumme von der Summe ab: _____

Oder Du errechnest die Quersumme der Quersumme und ziehst diese von der Summe ab: _____

Und errechnest aus dieser Summe die Quersumme: _____

Und es geht sogar mit Zahlen mit Nachkommastellen:

71.63 + 188.20 = _____

Du bildest die Quersumme von 71.63 + 188.20: _____

Du ziehst diese Quersumme von der Summe ab: _____

Oder Du errechnest die Quersumme der Quersumme und ziehst diese von der Summe ab: _____

Und errechnest aus dieser Summe die Quersumme: _____

Und es geht auch mit vielen Zahlen:

72 + 64 + 19 + 200 + 1 = _____

Du bildest die Quersumme von 72, 64, 19, 200 und 1: _____, _____, _____, _____, _____

Und addierst diese 5 Zahlen: _____

Du ziehst diese Quersumme von der Summe ab: _____

Oder Du errechnest die Quersumme der Quersumme und ziehst diese von der Summe ab: _____

Und errechnest aus dieser Summe die Quersumme: _____

b) Wir können Subtraktionen überprüfen

Und das geht an einem Beispiel so:

26 - 11 = 15

Schritt 1: Das überprüfen wir, indem wir indem wir die Quersumme von 15 ausrechnen und davon die Quersumme der 11 abziehen:

Quersumme von 26: 2+6=8

Quersumme von 11: 1+1=2

Wir ziehen also die 2.Quersumme von der ersten ab: 8 − 2 = 6

Schritt 2: Dieses Ergebnis ziehen wir von 15, dem Ergebnis der Subtraktion ab: 15 − 6 = 9.

Schritt 3: Und von diesem Ergebnis der Subtraktion nehmen wir wieder die Quersumme, und das ist nur noch die 9.

Wenn die Quersumme nicht 9 ist, dann haben wir einen Rechenfehler drin.

Du kannst das selbst überprüfen mit folgenden Zahlen:

19 - 15 =

Du bildest die Quersumme von 19 und 15 : _____, _____

und subtrahierst die zweite von der ersten: _____

Du ziehst diese Quersumme von der Summe ab: _____

Und errechnest aus dieser Summe die Quersumme: _____

> **Ein kleiner Hinweis:** Die erste Zahl der Neunerreihe könnte man mit 9 bezeichnen, oder auch mit 0, je nachdem, was man entscheidet.

Das geht auch mit einstelligen Zahlen:

6 - 7 = - 1

Die Quersumme von 6 ist gerade 6.

Davon subtrahierst Du die Quersumme von 7, nämlich 7:

Das ergibt -1.

Du ziehst diese Quersumme von der Summe ab: -1 – (-1) = 0

0 ist die erste Zahl der Neunerreihe. Stimmt also.

Und es geht auch mit gemischten Längen von Zahlen:

15 - 8 = _____

Du bildest die Quersumme von 15 + 8 : _____

Du ziehst diese Quersumme von der Summe ab: _____

Und errechnest aus dieser Summe die Quersumme: _____

Es geht auch mit viel grösseren Zahlen:

7163 - 1882 = _____

Du bildest die Quersumme von 7163 + 1882: _____

Du ziehst diese Quersumme von der Summe ab: _____

Oder Du errechnest die Quersumme der Quersumme und
ziehst diese von der Summe ab: _____

Und errechnest aus dieser Summe die Quersumme: _____

c) Wir können Winkelsummen von Dreiecken überprüfen

Die Winkelsumme in Dreiecken auf einer ebenen Fläche ist immer 80°, zum Beispiel in einem rechtwinkligen Dreieck mit 30°, 60° und 90°:

Zeichenhilfe: https://www.matheretter.de/rechner/dreieck

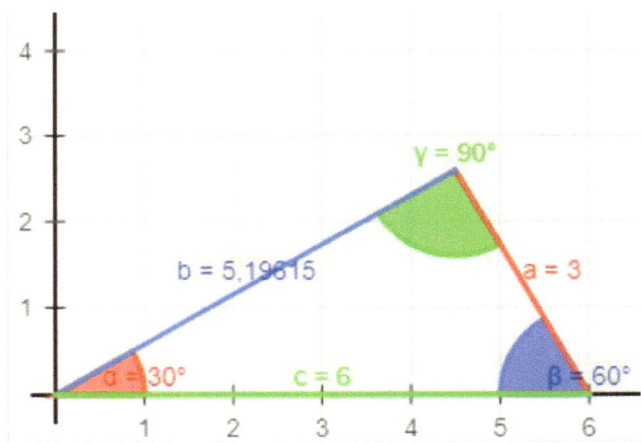

Um zu überprüfen, ob ein Dreieck in der Ebene möglich ist, zählen wir seine 3 Winkel zusammen und erhalten: 30+60+90 = 180°.

Die Quersumme von 180 ist 9.

Damit ist der Beweis geführt, oder Q.E.D.

Q.E.D. bedeutet auf lateinisch: «*Quod erat demonstrandum*» – «*was zu beweisen war*».

Wir prüfen das ganze an einem anderen Dreieck:

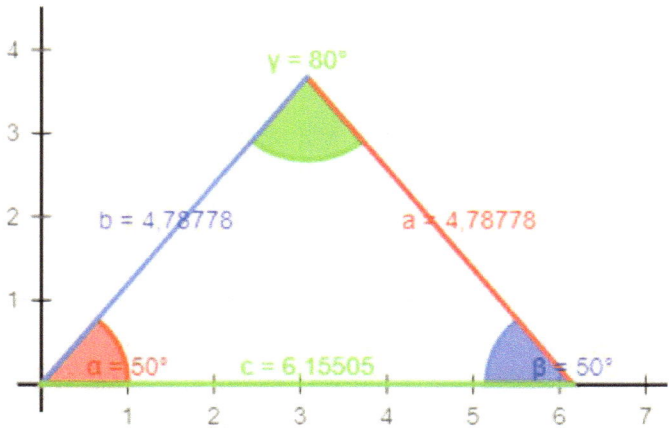

Die Winkel in diesem Dreieck sind 50°, 50° und 80°. Die Winkelsumme ergibt 180°. Und die Quersumme der Winkel einzeln ist 5, 5 und 8, also 18 insgesamt, die einstellige Quersumme ist 9.

Das nächste Beispiel überlasse ich Dir zum Rechnen:

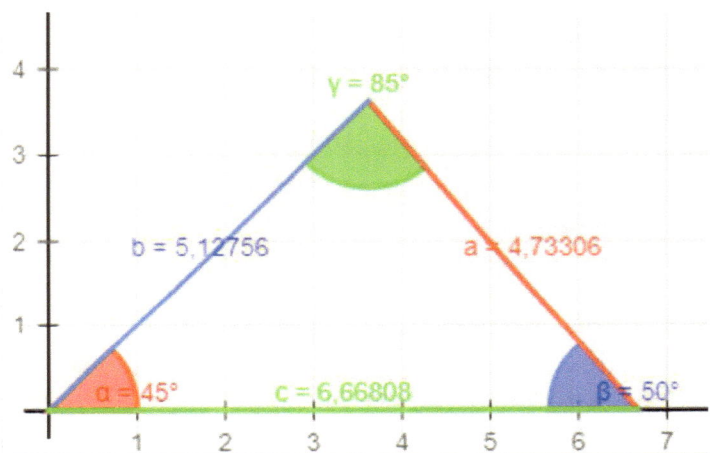

Die Winkel sind 45°, 50° und 85°. Also sind die Quersummen der Winkel einzeln: _____, _____ und _____

Zusammengezählt: _____

Und als einstellige Quersumme dann: _____

Anmerkung für die Profis: Ein rechtwinkliges Dreieck hat 2 Katheten und eine Hypothenuse.

Wenn ich im Internet surfe, dann finde ich viele Dreiecke, welche die Hypothenuse oben zeichnen und eine der beiden Katheten ist unten.

Wenn Du Dich für die Wortherkunft dieser altgriechischen Begriffe verstehst, dann wird klar, dass das Dreieck so gezeichnet werden muss, dass die Hypothenuse unten ist:

«Kathete» bedeutet nämlich *«die Heruntergeworfene»* und *«Hypothenuse»* bedeutet *«Die sich unten erstreckende»*.

d) Sogar beim Kreis geht es auf:

Die Winkelsumme im Kreis beträgt 360°, wie wir auch an diesem Kreis-Winkel-Messer gut ablesen können:

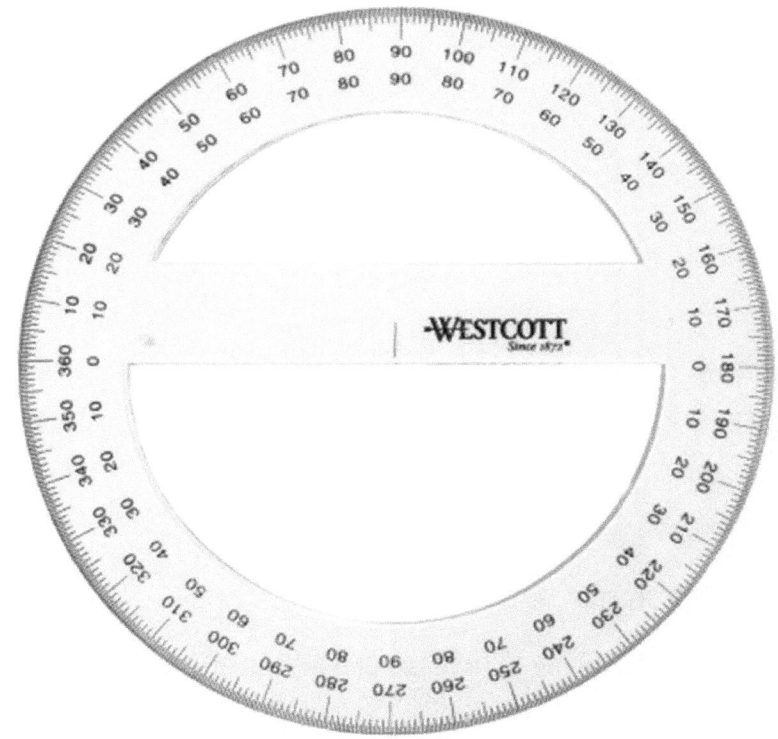

Die Quersumme davon ist 3+6+0 = 9.

e) Die Winkelsumme im Quadrat oder in Rechtecken

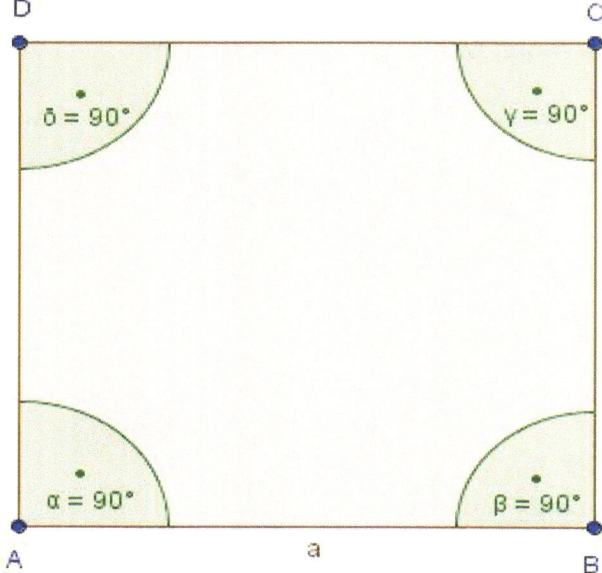

Die Winkelsumme im Quadrat beträgt 4 x 90°.

Oder 90°, 90°, 90° und nochmals 90°.

Die Quersumme ist jeweils 9 und gesamt 36, also ebenfalls 9.

f)   Die Winkelsumme in Vierecken

Auch in Rechtecken ist die Quersumme der Winkelsumme jeweils 9:

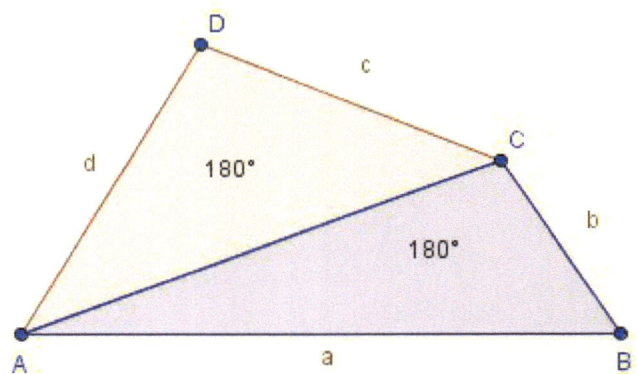

Das lässt sich mit einer einfachen Überlegung, wie im Bild schon gezeichnet   nachvollziehen: Man kann aus jedem 4-Eck 2 verschiedene   Dreiecke   machen,   indem   man   2   sich gegenüberliegende Punkte verbindet.

Und in jedem der beiden 3-Ecke ist die Winkelsumme 180°. Also ist sie im 4-Eck doppelt so gross, nämlich 360°. Und damit ist auch die Quersumme wieder 9.

Das gilt für alle 4-Ecke in einer Ebene.

g) 5-Ecke sind die grösseren Brüder der 4-Ecke:

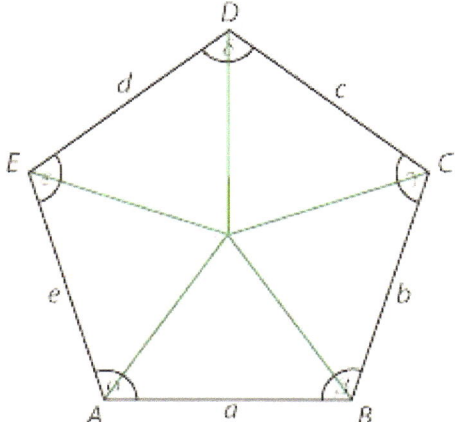

Im Bild siehst Du ein 5-Eck, welches in 5 einzelne Dreiecke unterteilt ist. Und damit gilt wieder die gleiche Herangehensweise wie beim 4-Eck: Wenn die Winkelsumme von einem Dreieck 180° ist (und damit die Quersumme 9), dann ist auch die Winkelsumme einer Form aus 5, oder mehreren Dreiecken ein mehrfaches von 180°, und damit ein mehrfaches der Quersumme der 9, und damit ist auch die einstellige Quersumme wieder eine 9.

Das gilt auch dann, wenn das 5-Eck verzogen ist. Es spielt keine Rolle.

Das gilt auch für alle Vielecke, die mehr Ecken haben.

Wenn wir jetzt einen Blick in die **Chemie** werfen, also den Schritt in die Materie wagen, vom 2-dimensionalen Raum in den 3-dimensionalen Raum «aufsteigen», dann haben wir es mit Atomen, Molekülen und Kristallen zu tun.

Da gibt es Salzgitter, Metallgitter, Ionengitter, Atom- und Molekülkristalle.

Diese sind geometrisch angeordnet. Und basieren damit auf den Winkeln, die wir soeben erforscht haben.

Sollte durch eine Störung auf die Strukturen einwirken, dann zerfällt die Struktur wieder in stabile kleinere Strukturen, die wieder die Quersumme der 9 haben.

Die Physik geht noch einen Schritt weiter und prüft die Kräfte, die aufeinander wirken – und hier liegt oft die Chemie und immer die Geometrie zugrunde, das heisst, diese Basis des Zählens und der Winkelsummen, setzt sich fort, und damit die Quersumme der Neun.

Unser menschlicher Körper basiert auf den chemischen Elementen und damit sind wir in der Biologie:

Die menschliche Hand ist aus insgesamt 27 Einzelknochen aufgebaut: Acht Handwurzelknochen, fünf Mittelhandknochen und 14 Fingerknochen sind durch Gelenke und Bänder miteinander verbunden. In den Händen befinden sich damit etwa ein Viertel aller Knochen des menschlichen Körpers.

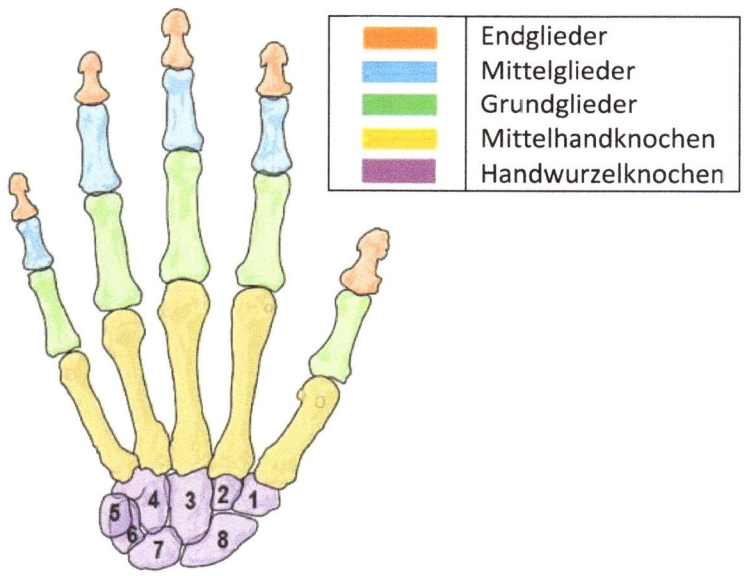

Ein Mensch hat 27 Handknochen – die Quersumme ist 9.

Zeit

Ich habe behauptet, die 9 sei die wichtigste Zahl im Universum. Wir haben uns das über die Grundrechenarten und dann die Geometrie angeschaut und sind dann zur Physik, Chemie und sogar beim menschlichen Körper gelandet.

Die Zeit ist eine andere Dimension, doch, wenn sie gemessen wird, dann lehnen wir uns oft an die Geometrie an, die Geometrie ist auch hier das Verbindungsglied.

Die Zeit messen wir nicht Dezimal, basierend auf der 10-er Reihe, sondern im 12-er System, auch wenn das erst auf den zweiten Blick klar wird:

Wir rechnen mit 60 Sekunden (5x12) und 60 Minuten (5x12) und 24 Stunden (2x12).

Später wurden dazu Zehntel, Hundertstel und Tausendstel-Sekunden hinzugefügt – ein Bruch, denn hier wird plötzlich mit dem 10er-System gearbeitet. Das ist unlogisch – aber bei System, die wachsen oft der Fall.

Die Begriffe «Minute» und «Sekunde» stammen aus dem Latein.

Der Begriff «Minute» steht verkürzt für den lateinischen Satz «*pars minuta»,* was auf Deutsch «verminderter Teil» bedeutet.

Sekunde steht abgekürzt für «*Pars minuta sekunda*» und bedeutet «*zum zweiten Mal verkürzter Teil*».

«Second» bedeutet auf englisch, französisch und viele andere Sprachen auch «Zweiter».

Damit uns die Zeit nicht ausgeht, komme ich jetzt zur Sache:

Eine Stunde hat 60 Sekunden * 60 Minuten = 3'600 Sekunden.

Die Quersumme davon ist 9.

Und damit hat natürlich auch jedes höhere Zeitmass eine 9 als Quersumme:

Quersummen von Zeiteinheiten		
	Sekunden	Einstellige Quersumme
Eine viertel Stunde	900	9
Eine halbe Stunde	1800	9
Stunde	**3600**	**9**
Ein halber Tag	43'200	9
Ein ganzer Tag	86'400	9
Eine Woche	604'800	9
Ein Monat	2'419'200	9
Ein Quartal	7'257'600	9
Ein Jahr	29'030'400	9
Ein Jahrzehnt	290'304'000	9
Ein Jahrhundert	2'903'040'000	9

Was hier nicht berücksichtigt ist, sind Schaltsekunden, Schalttage, und so weiter.

Und was wir davon lernen: Wenn eine Zahl eine 9 als Quersumme hat, dann hat jedes vielfache dieser Zahl auch eine 9 als Quersumme.

Ein Geschichte: Wettrennen

Das Foto zeigt ein Wettrennen zwischen Hunden und einem Ge-
parden, um herauszufinden, wer der Schnellste ist.

Alle waren erstaunt, dass der Gepard sich nicht von der Stelle
bewegte, und fragten den Rennkoordinator, was passiert war.

Seine Antwort war:
*«Manchmal ist der Versuch, zu beweisen, dass man der Beste ist,
eine Beleidigung. Wir müssen uns nicht auf das Niveau der anderen
herablassen, um ihnen zu zeigen, dass wir die Stärksten sind.»*
Denke gut nach und spare Deine Energie für das, was Du willst.
Der Gepard nutzt seine Geschwindigkeit nur zum Jagen, nicht um
den Hunden zu zeigen, dass er der Schnellste und Stärkste ist.
Verschwende Deine Zeit nicht, um anderen zu beweisen, was Du
wert bist...

Dreiecke definieren

Im letzten Kapitel haben wir gelernt, dass Dreiecke in der Ebene immer 180° Winkelsumme haben, was einer Quersumme von 9 entspricht.

Das will ich noch etwas weiterführen:

Wir wollen uns nachfolgend überlegen, wie viele Angaben es braucht, damit ein Dreieck eindeutig festgelegt ist:

Wir fangen an, indem wir eine der Ecken mit den 2 davon wegführenden Geraden, also dem Zwischenwinkel definieren.

Das ist die erste Angabe.

Als zweite Angabe könnte uns die Länge der einen Geraden dienen, daraus entsteht die zweite Ecke.

Als dritte Angabe könnte der Winkel von der zweiten Ecke an gesehen sein – dort wo sich die erste und die letzte Linie schneiden und damit die 3. Ecke bilden

Die dritte Angabe könnte aber genauso gut die Länge der ersten Linie sein, und damit die 3.Ecke festlegen.

Das heisst, wir können ein Dreieck definieren, indem wir 2 Winkel festlegen (der 3. Winkel lässt sich errechnen, und die Länge einer Seite.

Oder wir können alle 3 Seiten festlegen, die Winkel ergeben sich automatisch.

Alternativ können wir 1 Winkel und 2 2 Seitenlänge festlegen und das Dreieck ist auch eindeutig definiert.

Diese Erkenntnis haben sich über vie e Jahrhunderte die Navigatoren auf den Schiffen zu Nutze gemacht: Sie wollten wissen, wo sie sind und haben mit dem Kompass die Peilung (den Winkel) zu bestimmten Landmarken wie Leuchttürmen, Küsten, Flussdeltas oder ähnlichem gemessen.

Wenn sie 2 Punkte, respektive Landmarken bestimmen konnten und den Winkel dazwischen gemessen haben, dann hatten sie 3 Angaben, und konnten damit den Rest des Dreiecks, insbesondere ihre Position bestimmen.

Oder anders ausgedrückt: Wenn sie den Winkel (also die Dreiecksseitenlinie) zu einer Landmarke bestimmen konnten und den Winkel zu einer zweiten Landmarke – egal wie weit weg – dann konnten sie diese beiden Linien auf ihrer Karte einzeichnen und dort, wo sich die beiden Linien gekreuzt haben, war die Position ihres Bootes.

Wenn die Schiffe auf dem Meer gekreuzt sind, wo aufgrund der Gesetze der Optik keine Landmarken erkennbar sind, dann mussten sie auf klares Wetter hoffen und die Sterne zu Hilfe nehmen.

Da sich der Sternenhimmel über uns konstant dreht, war es wichtig, die Zeit ebenfalls zu berücksichtigen.

Im Grunde ging das Verfahren aber genau gleich wie mit den Landmarken: Man hat Sterne gesucht und die Winkel zu ihnen mit

Sextant und Kompass, oder früher mit dem Jakobsstab und dem Kompass gemessen.

Winkelmessung mit dem Jakobsstab

Wer die Sternbilder kannte, konnte somit den Winkel einzelner Sterne über dem Horizont oder die Winkel zwischen den Sternen messen. Daraus liess sich die Position des Schiffes ermitteln.

Dreiecke haben also eine ganz praktische Bedeutung, schon seit vielen Jahrhunderten für die Navigation von Schiffen und auf dem Land, sowie später für die Vermessung auf dem Land.

Merke: Die Grundlage, damit das funktioniert ist, dass Dreiecke in einer **Ebene** immer eine Winkelsumme von 180° aufweisen, und man über die Triangulation, die Winkelmessung, daraus die eigene Position berechnen kann.

Perspektive

Zuerst schauen wir uns an, was überhaupt dieses Wort bedeutet:

Definition: Perspektive

1. Darstellung räumlicher Verhältnisse in der Ebene eines Bildes
    Bsp: "die Perspektive dieser Skizze stimmt nicht"

2. Standpunkt, von dem aus etwas gesehen wird
    Bsp: *"interessante Perspektiven eröffnen sich"*

Zeichnen ist die Kunst, Dinge aus der 3D-Welt auf ein Blatt Papier, ein Fotopapier oder einen Bildschirm zu bringen.

Wir sind uns gewohnt, diese Bilder zu erkennen, Ureinwohner müssen das erst lernen, sie sind es sich nicht gewohnt.

Wenn Du hinter einem Fenster stehst, und einen Punkt am Boden markierst, und dann ein Durchpauspapier, also ein Papier, welches durchscheinend ist, oder sogar eine transparente Folie auf das Fenster klebst, dann kannst Du von Deinem markierten Punkt aus das, was Du durch das Fenster siehst auf der Folie mit farbigen Stiften nachziehen. Damit wird die 3D-Welt hinter dem Fenster auf das Papier gezaubert.

Aber Vorsicht: Beweg Dich nicht.

Beobachtungen:

- Wenn Du Deinen Punkt verlässt, und einen Schritt nach links machst, dann verschiebt sich alles aus der 3D-Welt nach rechts und umgekehrt. Wenn Du leicht in die Knie gehst, verschiebt sich alles nach oben, und wenn Du auf die Zehen stehst, dann verschiebt sich alles nach unten.
- Je näher ein Objekt, ein Haus, ein Auto oder ein Baum ist, desto stärker verändert es seine Position auf dem Bild.
- Und je weiter ein Objekt von Dir entfernt ist, desto kleiner wird es auf der Scheibe erscheinen.

Frage: Was ist, wenn Du die Scheibe oder zumindest die Folie näher zu Dir hinnimmst? Oder sie weiter von Dir entfernst?

Zusatzfrage: Bei welcher Bewegung siehst Du durch die Folie mehr Dinge, rechts und links, oben und unten?

Horizont: Wenn Du auf einem Berg oder am Meer bist, dann siehst Du einen Horizont – das ist die waagerechte Linie von Links nach rechts: Unten ist Land, oder Meer und oben ist der Himmel.

Auf dem nachfolgenden Bild ist der Horizont die blaue Linie.

Die «zivilisierte Welt» baut Häuser und Gebäude mit vielen rechten Winkeln – das haben nicht alle Kulturen so gemacht: Die Indianer haben Zelte, die Aborigines von Australien schlafen oft unter freiem Himmel, die Eskiimos ziehen ihre Iglus vor.

Die «zivilisierte Welt» zieht auch gerade Strassen und Eisenbahn-
linien, Flughafenpisten und vieles mehr den gewundenen
schmalen Wegen vor, welche andere Zivilisation verwenden.

Kubisches Gebäude: ein Kubus ist ein Würfel – es ist also ein Gebäude mit Kanten und Winkeln, wie ein Würfel.

Dieses kubische Gebäude steht auf einer ebenen Fläche
mit seinen 4 Bogen. Wenn Du in einiger Entfernung dazu
eine Scheibe auf einem Stativ aufgebaut hast, und auf
diese Scheibe beginnst zu malen, dann könnte das so aus-
sehen:

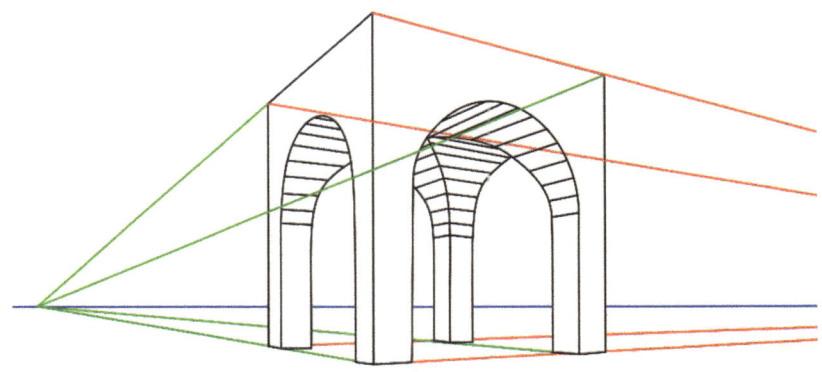

Wenn Du von den Geraden Linien des Gebäudes die Linien
weiterziehst, dann findest Du die Fluchtpunkte. Die grünen
Linien treffen sich am linken Fluchtpunkt, die roten Linien
am rechten Fluchtpunkt.

Die obere grüne Linie führt der linken oberen Kante des
Würfels entlang, die rechte obere grüne Linie führt der

rechten oberen Kante des Würfels entlang: Da können wir nicht hinsehen, aber wir wissen, dass sie an der vorderen rechten Ecke des Gebäudes endet.

Und dann gibt es noch zwei untere grüne Linien, die auch der linken und der rechten Kante des Gebäudes entlang laufen. Wenn es ein Gebäude mit rechten Winkeln ist, dann treffen sich alle grünen Linien an einem Punkt, das ist der Fluchtpunkt.

Die roten Linien führen zum rechten Fluchtpunkt.

Die Fluchtpunkte liegen immer auf dem Horizont – zumindest, wenn wir am Strand sind, oder weit oben auf den Bergen.

Wenn dieses kubische Gebäude nicht nur ein paar Meter lang und breit ist, dann kannst Du erkennen, dass dieses beliebig hoch sein könnte, so hoch wie ein Wolkenkratzer zum Beispiel, und selbst dann könnten unsere Augen nicht über den Fluchtpunkt hinaussehen. Auch wenn das Gebäude viele hundert Kilometer lang wäre. Und auch, wenn es weit über den Fluchtpunkt hinausführen würde.

Wir können nicht über den Fluchtpunkt hinaus sehen.

Spannend: Wenn Du Dich hinter der Scheibe etwas nach rechts bewegst, dann siehst Du etwas mehr von der vorderen Seite des Gebäudes und etwas weniger von seiner linken Seite. Die Fluchtpunkte verschieben sich damit ebenfalls. Die Fluchtpunkte haben also sowohl etwas damit zu tun, wo Du stehst, als auch damit, wie das Gebäude steht.

Wenn Du das Gebäude ersetzt mit einem kleinen Holzklotz, der näher dran ist, der zum Beispiel auf einem Tisch steht, dann kannst Du das noch besser erforschen.

Und jetzt kommt noch etwas Spannendes:

Ein Kind, das etwa 1 Meter gross ist, hat Augen, die etwa 17mm gross sind und kann damit etwa 3.5 Kilometer weit sehen, dort trifft der Fluchtpunkt auf den Horizont, weiter kann es nicht sehen!

Ein Erwachsener, der etwa 1.7 Meter gross ist kann etwa 4.7 Kilometer weit bis zum Horizont schauen. Was weiter weg ist, kann er nicht sehen. Das Auge eines erwachsenen Menschen ist etwa 24 Millimeter im Durchmesser.

Der Erwachsene hat grössere Augen, das ist der Unterschied.

Der Vogel Strauss hat von allen Landtieren die grössten Augen mit einem Durchmesser von bis zu 50 Millimetern. Damit kann er bis zu 9 Kilometer weit sehen.

Damit wir Menschen weitersehen können, setzen wir auch grössere Augen ein – wir nennen die zum Beispiel Feldstecher oder Teleobjektive.

Der Trick ist immer, dass Sie «grössere Augen» auf technische Art machen.

Damit haben wir das Gefühl, die Dinge wären näher und grösser.

Der Fluchtpunkt verschiebt sich damit, er ist weiter weg.

Aber auch wenn er weiter weg ist: Man kann nicht weitersehen als bis zum Fluchtpunkt.

Hier ein Bild von langen Eisenbahnschienen:

Und hier das gleiche Bild mit eingezeichnetem Fluchtpunkt:

Wenn gerade eben ein Eisenbahnzug Richtung Horizont gefahren ist, dann kannst Du Dich jetzt hinstellen und zuschauen, wie der Zug immer kleiner wird.

Wenn Du ein Kind bist, dann wirst Du ihm etwa 3.5 Kilometer weit nachschauen können.

Und wenn Du einen Feldstecher hast, je nach seiner Grösse vielleicht 7 Kilometer.

Danach wird er nicht mehr sichtbar sein, weil er zu klein ist, obwohl nichts zwischen Dir und dem Zug ist.

Ist das nicht faszinierend?

Geld

Ein Grund, warum es sich lohnt, rechnen zu können ist Geld.

Wir haben verschiedene Systeme: In einem tauschen wir Leistung und Ware gegen Geld.

In einem anderen, das viel grösser ist, geben wir Liebe – diese brauchen wir für die Kinderziehung, die Betreuung von alten Menschen und die ganze Natur macht es so.

Aber hier geht es um Geld.

Nachfolgend findest Du ein paar Geschichten dazu, wie Geld funktioniert – denn da geht es um viel mehr, als nur rechnen können.

Wenn wir nicht verstehen, was das Grössere ist, dann könnten wir gierig werden, oder verzweifeln, wenn einmal kein Geld da ist.

Eine Geschichte ums Geld: Zu teuer

Ich verdiene mein eigenes Geld, seit ich 14 bin. Eine der Lektionen, die es mit sich bringt, wenn man sein eigenes Geld verdient ist, dass man ab und zu Menschen trifft, die einem sagen, der Preis sei zu teuer. Das hat mich am Anfang jeweils verletzt und mein Herz hat mir weg getan, bis ich verstanden habe, dass sie den Wert meiner Arbeit noch nicht so gut kennen. Deshalb habe ich Ihnen angefangen, den Wert meiner Arbeit besser zu erklären.

Dazu passt die folgende Geschichte:

Ein Kunde fragte mich, wie viel es kostete, diese Arbeit auszuführen....

Ich antwortete ihm: *1500 Franken.*

Er sagte: *So viel?*

Ich fragte: *Wie viel würde es Ihrer Meinung nach kosten?*

Er antwortet mir: *Maximal 800 Franken... Das ist doch eine ziemlich einfache Aufgabe, oder?!"*

Ich sagte: *Für 800 Franken lade ich Sie ein, es selbst zu machen.*

Er sagte: *Aber... ich weiß nicht wie.*

Ich: *Für 800 Fr. bringe ich dir bei, wie es geht. Sie sparen also nicht nur 700 Fr., sondern erhalten auch das Wissen für das nächste Mal, wenn Sie es möchten.*

Es erschien ihm richtig und er stimmte zu.

Ich: *Aber um loszulegen: Sie benötigen Werkzeuge: ein Schweißgerät, eine Schleifmaschine, eine Kappsäge, eine Bohrmaschine, eine Schweißhaube und Handschuhe*

Er: *Aber ich habe nicht alle diese Geräte und ich kann sie nicht alle für einen Job kaufen.*

Ich: *Dann vermiete ich für zusätzliche 300 Fr. mehr meine Werkzeuge an Sie, damit Sie es selbst tun können.*

Er: *Okay.*

Ich: *Gut, dann bis zum nächsten Mittwoch, dann sind die Werkzeuge verfügbar.*

Er: *Aber am Mittwoch kann ich nicht, ich habe nur heute Zeit.*

Ich: *Es tut mir leid, aber ich bin nur am Mittwoch verfügbar, um Sie zu unterrichten und Ihnen meine Sachen zu leihen. An den anderen Tagen bin ich mit anderen Kunden beschäftigt.*

Er: *Okay! Das bedeutet, dass ich meinen Mittwoch opfern und meine Aufgaben aufgeben muss.*

Ich: *Ich habe vergessen zu erwähnen, dass sie für diese Arbeit auch Dinge erledigen müssen, die nicht direkt produktiv sind.*

Er: *Was ist das?*

Ich: *Bürokratie, Steuern, Mehrwertsteuer, Sicherheit, Versicherung, Kraftstoff einkaufen, Geräte reinigen, Verbrauchsmaterial ersetzen und vieles mehr.*

Er: *Oh nein!... um diese Aufgaben zu erfüllen, werde ich mehr Geld ausgeben und viel Zeit brauchen! Kannst du diese bitte vorher für mich tun?*

Ich: *Gut!*

Ich werde Ihnen alles Material besorgen, das Sie brauchen. Die LKW-Beladung erfolgt am Mittwoch am frühen Morgen.

Sie müssen um 06:00 Uhr bei uns sein und den LKW beladen. Bitte seien Sie pünktlich.

Er: *Um 06:00 Uhr?? Nein! Das ist zu früh für mich! Ich brauche meinen Schlaf und stehe erst später auf.*

Ich habe es mir anders überlegt: Bitte führen Sie diesen Auftrag durch. Ich zahle Ihnen lieber die 1500 Fr.. Wenn ich es selbst machen würde, wäre es nicht perfekt und es würde mich viel mehr kosten.

Soweit die Geschichte.
Und was können wir daraus lernen?

Wenn jemand für eine Arbeit bezahlst, insbesondere für handgefertigte Arbeiten, zahlen er nicht nur für das verwendete Material, sondern auch:

- Wissen und – Erfahrung – das heisst z.B. auch, wenn es nicht funktioniert, dass der Profi noch eine andere Möglichkeit kennt, das Ziel zu erreichen.

- Seine gesamte Ausbildung – die oft ein Leben lang weiter geht.
- Werkzeuge und Verbrauchsmaterialien.
- die aufgewendete Zeit inklusive Vorbereitung, Reinigung, Bereitstellen, Aufladen und Abladen.
- Pünktlichkeit und Genauigkeit und die Fähigkeit abzuschätzen, wie viel Zeit, Material und Mitarbeiter, dass er braucht.
- Verantwortung und Professionalität
- Garantie auf die Arbeiten
- Die Miete für seine Magazine, Büros und seines Hauses oder seiner Wohnung
- Den Lohn seiner Mitarbeiter – auch wenn einmal keine Arbeit zu tun ist.
- frühes Aufstehen
- Sicherheit und andere Anforderungen des Staates, der Öffentlichkeit (z.B. Absperrungen) und der Kunden.
- Steuererklärungen, die Beratung und die Steuern selbst.

Es ist manchmal schwierig, zu beurteilen, wievielg10 Kosten eine Arbeit im Hintergrund macht und was alles dazugehört.

Es hilft, wenn wir dazu den Fachmann fragen, und auch frühere Kunden von ihm – ob sie zufrieden waren, wie die Garantie war, und ob die Arbeit den Preis wert war.

Nur wenn Sie alle für die Herstellung eines bestimmten Werkes notwendigen Elemente kennen, können wir die tatsächlichen Kosten abschätzen.

Wert

Mineralwasser

Eine Flasche Mineralwasser kostet beim Discounter 1.- Fr.

An der Tankstelle kostet sie 1.80 Fr. und im Kino 3 Fr.
Und wenn Du die gleiche Flasche Wasser im Flugzeug kaufst, kann sie 6 Fr. oder mehr kosten.

Der einzige Unterschied ist, dass sie an einem andern Ort verkauft wird.

Wenn Du also das nächste Mal das Gefühl hast, nichts wert zu sein, dann bist Du wahrscheinlich am falschen Ort, oder bei den falschen Menschen!

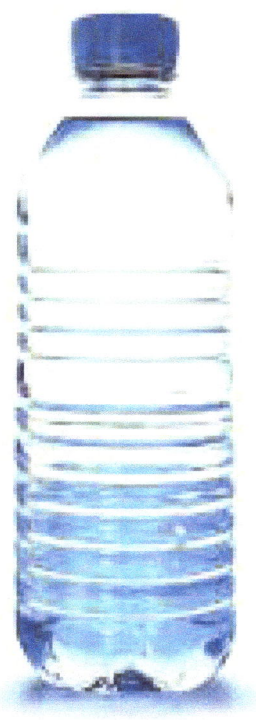

Fragen:

- An welchen Orten und bei welchen Menschen hast Du Dich schon wertlos gefühlt?
- Und an welchen Orten, bei welchen Menschen und Tieren hast Du Dich schon wertvoll und sinnvoll gefühlt?

Vermögenswerte und Verbindlichkeiten

Wofür brauchen wir überhaupt Zahlen und Rechnen?

Wir brauchen Sie für Handwerk, Investition, für das Berechnen von Einkauf, Massarbeit und Investition, um unseren Lohn einzuteilen und anderen Menschen einen gerechten und angemessenen Lohn zu bezahlen.

Deshalb will ich Dir eine kleine Geschichte zu Vermögenswerten und Verbindlichkeiten erzählen, für einen wichtigen Aspekt des Lebens, der ganz viel mit Freiheit zu tun hat.

Vermögenswerte sind Dinge, die Wert haben und auch Wert schöpfen, also Geld zurückgeben. Das könnte ein Auto sein, das du vermietest, oder Land, das Du verpachtest.

Verbindlichkeiten sind Dinge, die Kosten generieren.

Hier kommt die Geschichte:

Sohn: Papa, kann ich mit dir sprechen?

Papa: Ja, bitte.

Sohn: Unter all meinen Klassenkameraden bin ich der Einzige, der kein Auto hat. Das ist mir peinlich.

Vater: Was soll ich denn tun?

Sohn: Ich brauche ein Auto. Ich will mich nicht seltsam fühlen.

Vater: Hast du ein bestimmtes Auto im Sinn?

Sohn: Ja, Papa (lächelt)

Papa: Wie viel?

Sohn: 14'000 SFr.

Vater: Ich werde dir das Geld unter einer Bedingung geben.

Sohn: Was ist die Bedingung?

Vater: Du wirst das Geld nicht für den Kauf eines Autos verwenden, sondern es investieren. Wenn du mit der Investition genug Gewinn machst, kannst du dir das Auto kaufen.

Sohn: Abgemacht.

Dann gab ihm der Vater 14'000 SFr. in bar. Der Sohn investierte das Geld gemäß der mündlichen Vereinbarung, die er mit seinem Vater getroffen hatte.

Einige Monate später fragte der Vater den Sohn, wie es ihm ergangen sei. Der Sohn antwortete, dass seine Geschäfte besser liefen. Der Vater war zufrieden.

Nach einigen Monaten fragte ihn der Vater erneut nach seinen Geschäften und der Sohn erzählte ihm, dass er mit dem Geschäft viel Geld verdiene.

Als es genau ein Jahr her war, dass er ihm das Geld gegeben hatte, bat der Vater ihn, ihm zu zeigen, wie weit das Geschäft gediehen war. Der Sohn stimmte bereitwillig zu und es kam zu folgendem Gespräch:

Vater: Ich kann sehen, dass du viel Geld verdient hast.

Sohn: Ja, Papa.

Vater: Erinnerst du dich noch an unsere Abmachung?

Sohn: Ja

Papa: Wie lautet sie?

Sohn: Wir waren uns einig, dass ich das Geld anlegen und von dem Gewinn das Auto kaufen soll.

Vater: Warum hast du das Auto nicht gekauft?

Sohn: Ich brauche das Auto nicht mehr. Ich möchte mehr investieren.

Vater: Gut so. Du hast die Lektionen gelernt, die ich dir beibringen wollte:

- **Erstens:** Du hast das Auto nicht wirklich gebraucht, du wolltest dich nur zugehörig fühlen. Das hätte dir zusätzliche finanzielle Verpflichtungen auferlegt. Es war also kein Vermögenswert, sondern eine Belastung.
- **Zweitens:** Es ist wichtig für dich, in deine Zukunft zu investieren, bevor du wie ein König lebst.

Sohn: Danke, Papa.

Dann gab ihm der Vater den Schlüssel für das neueste Modell des Autos.

Die Moral der Geschicht:

1. Investiere immer zuerst, bevor du anfängst, so zu leben, wie du willst.
2. Was du jetzt als Bedürfnis ansiehst, kann zu einem Wunsch werden, wenn du dir ein wenig Zeit nimmst, um über deine Gefühle hinwegzukommen.
3. Versuche, zwischen Vermögenswert und Verbindlichkeit zu unterscheiden, damit das, was Du heute als Vermögenswert betrachtest, morgen nicht zu einer Verbindlichkeit für Dich wird.

Vermögenswert   Verbindlichkeiten

Eine Investmentregel

Sergio ist ein Investor und ist mit seiner Strategie sehr reich geworden, indem er sich auf Qualität spezialisiert.

Egal, ob er in Edelsteine, Restaurants oder Autohersteller investiert: Er sucht sich dabei immer die beste Kategorie aus.

Wenn er in Edelsteine investiert, dann nur in die schönsten und grössten.

Wenn er in Restaurants investiert, dann nur in diejenigen mit den besten Köchen an den schönsten Lagen.

Und wenn er in Autohersteller investiert, dann auch dort nur in diejenigen mit den tollsten Autos und den intelligentesten Ingenieuren.

Warum?

Diese Edelsteine, Restaurants und Autohersteller sind begehrt, die Menschen sind interessiert an ihnen und die Investoren wollen dort investieren – damit ist er sicher, dass diese den Wert immer weiter steigern.

Wenn er sich einen Edelstein nicht alleine leisten kann, dann kauft er diesen zusammen mit seinen Freunden oder anderen Investoren.

Henry Ford, der Gründer der Autofirma Ford hat einmal gesagt: Er kann sich billige Produkte nicht leisten.

Warum? Weil die schnell kaputt gehen, weil es keine Ersatzteile mehr gibt, weil sie zu wenig durchdacht sind und damit den Menschen, die sie benutzen viel Aufwand und Sorgen machen.

Auch Henry Ford wollte ausschliesslich Produkte mit hoher Qualität einsetzen – und ist damit sehr gut gefahren – seine Firma ist heute mehr als 5 Milliarden Franken wert.

Ältere Menschen sind schlaue Menschen

Ein älteres Ehepaar möchte einen Mercedes kaufen, sie fahren in die Garage, doch der Verkäufer muss ihnen leider mitteilen, dass er den Mercedes soeben einer jungen hübschen Blondine verkauft hat.

Der ältere Mann sagt: *«Ich habe gedacht, sie würden den Wagen für uns reservieren, bis wir den gesamten Betrag von 75'000 Franken aufgetrieben haben, doch habe ich soeben mitbekommen, dass Sie den Wagen für 65'000 an eine junge hübsche Frau verkauft haben, obwohl sie beteuert haben, dass ein Rabatt unmöglich sei».*

Der Verkäufer sagt lachend: *«Was soll ich ihnen sagen? Wie hatte das Geld, und schauen sie sie an, wie sollte ich ihr widerstehen können?»*

Da kommt die junge hübsche Frau auf das ältere Ehepaar zu und gibt ihnen den Schlüssel zum Mercedes und sagt: *«Hier ist Euer Schlüssel, ich war sicher, dass ich diesem Glücksritter den Preis drücken kann! Bis später liebe Grosseltern.»*

Also pass auf: Ältere Menschen sind oft schlauere Menschen!

2 Tricks, ein Gedicht und dann ist Schluss

Abschliessend zeige ich Dir noch ein paar Tricks, mit welchen Du die Menschen um Dich herum zu nachdenken bringen kannst.

Solange Du die Tricks nicht verrätst, sind Sie Dein Geheimnis.

Viel Spass dabei.

Addieren wie ein Zauberer

Vom alten Griechenland wird folgende Geschichte erzählt:

Dem alten Mathematik-Lehrer Tamino war grad alles etwas zu viel. Er wollte sich etwas Ruhe gönnen und gab drum seinen Schülern eine schwierige Aufgabe, die sie eine Weile beschäftigen sollte:

Sie sollten alle Zahlen von 1 bis und mit 100 zusammenzählen. Wer ein Ergebnis hat, soll sich melden, er rechnete nicht damit, dass einer sich meldet, vor dem nächsten Morgengrauen.

Da hat sich unser Mathematik-Lehrer aber verrechnet:

Nach wenigen Minuten kam Satiris und wies sein Ergebnis vor, das zweifellos korrekt war.

Das war umso rätselhafter, als auch nur ein einziger Fehler in der ganzen Reihe von Additionen schon zu einem falschen Ergebnis führt.

Tamino konnte es kaum glauben, doch sein Verfahren war so genial wie einfach, und es war kaum möglich, einen Fehler dabei zu begehen.

Wie hat er das nur geschafft, hast Du eine Idee?

Die Auflösung kommt auf der nächsten Seite.

Dieser Rechentrick heisst Gauss'sche Summenformel.

Auflösung von Addieren wie ein Zauberer:

Wenn Du jeweils Paare machst von der jeweils kleinsten und grössten Zahl, dann ergibt das erstmal:

$$1+100= 101$$

Das nächste Paar ist $2+ 99 = 101$

Das dritte Paar ist $3+ 98 = 101$

..

Das letzte Paar ist $50+51 = 101$

Insgesamt sind es 50 Paare x 101 = 5050.

So, und jetzt bist Du wieder dran:

Fragen:

- Was ist die Summe aller Zahlen von 1 bis 10?
- Was ist die Summe aller Zahlen von 1 bis 1000?
- Was ist die Summe aller Zahlen von 1 bis 58?
- Was ist die Summe aller Zahlen von 1 bis 11?
- Was ist die Summe aller Zahlen von 1 bis 59?

Rechentrick

Eine Zahl erraten.

Wir lernen an diesem Trick den Unterschied zwischen einer Zahl (z.B. 153) und einer Ziffer – in diesem Beispiel die drei Ziffern 1, 5 und 3.

Eine Zahl kann beliebig lang sein, das heisst, beliebig viele Ziffern enthalten, z.B. 1, 13, 1553, 15039 und so weiter.

Eine Ziffer ist immer nur eine Stelle lang, und es gibt nur 10 verschiedene Ziffern: 0, 1, 2, 3, 4, 5, 6, 7, 8, 9, 0.

Wenn hier «1» steht, dann ist das sowohl eine Ziffer, als auch eine Zahl.

Wenn «12» da steht, dann ist es die Zahl 12 mit den Ziffern 1 und 2.

Wir werden in diesem Trick mit diesem Verständnis arbeiten.

Hier wirst Du für Dein Kopfrechnen belohnt und es ist fast sicher, dass keiner der Erwachsenen herausfindet, wie Du es machst.

Du brauchst: Einen Mitspieler mit Papier und Bleistift.

Dein Mitspieler wird sich nach Deiner Anweisung eine 2-stellige Zahl und eine einzelne Ziffer aufschreiben.

Er muss dafür sorgen, dass Du diese nicht sehen kannst.

Du kannst diesen Trick am Telefon machen, das beeindruckt die Menschen noch mehr – dann ist nämlich ganz sicher, dass Du nicht mitlesen konntest.

Dann beginnst Du die folgenden sieben Schritte zu durchlaufen:

Schritt 1:

Denke dir eine zweistellige Zahl aus, und schreibe sie auf. Zum Beispiel **12**.

Schritt 2:

Jetzt hänge eine Null an.

In unserem Beispiel wird aus 12 neu **120**.

Schritt 3:

Denke Dir jetzt eine Ziffer zwischen 1 und 9 aus, und schreibe sie irgendwo auf das Blatt.

In unserem Beispiel **3**.

Schritt 4:

Nimm diese Ziffer mit 9 mal und schreibe das Ergebnis auf.

Zum Beispiel 3 X 9 = **27**.

Schritt 5:

Jetzt ziehst du dieses Ergebnis von der Zahl mit der Null ab.

In unserem Beispiel 120 – 27 = 93.

Schritt 6:

Bitte sage mir, wie das Resultat lautet.

In unserem Beispiel sagt der Mitspieler: ,,**93**"

Schritt 7:

Jetzt errätst Du die zuerst gedachte Zahl!

In unserem Beispiel: ,,Deine gedachte zweistellige Zahl lautet **12**."

Wie funktioniert der Trick?

Ganz einfach: Wenn das Schlussergebnis zweistellig ist, bilden wir die Quersumme der beiden Ziffern.

Mit unseren Beispielzahlen zählen wir 9 + 3 zusammen, was 12 ergibt. Ist das Ergebnis jedoch dreistellig, dann nimmt man die beiden linken Ziffern als Zahl und addiert die Ziffer rechts davon dazu.

Ein Ergebnis von 123 würde als 12 + 3 = 15 gerechnet.

Ein Ergebnis von 492 würde als 49 + 2 = 51 gerechnet.

Warum funktioniert der Trick? Eine andere Betrachtung

Erstens Zahl: Die Quersumme einer beliebigen Zahl bleibt gleich, ob wir die Zahl selbst berechnen, oder sie zuerst mit 10, 100 oder 1000 multiplizieren.

Zweitens Ziffer: Die Quersumme einer Zahl, welche mit 9 multipliziert wurde ist immer 9. (9, 18, 27, ..)

Wir subtrahieren also von einer Zahl, die wir mit 10 multipliziert haben eine Zahl mit einer Quersumme von 9.

Das ergibt die 2-teilige Quersumme der Originalzahl, die wir daraus wieder herstellen können.

Abgrenzung: Der Trick funktioniert beschränkt für einstellige Zahlen in Schritt 1 – wenn die Ziffer in Schritt 3 nicht grösser ist.

Und er funktioniert mit etwas erweiterten Rechenregeln auch mit 3-stelligen oder grösseren Zahlen (Schritt 1).

Ein numerisches Gedicht von Sebastian 23

(E)In der **Zwei**gstelle einer **drei**sten **Fir**ma,

fünf ent**sechs**liche Gestalten

ver**sieben** aus **Acht**losigkeit

den **neun** Trend der S**zen**e.

Denen war nicht mehr zu h**elf**en.

*Das Gedicht ist zum Vorlesen, respektive Zuhören, die
Rechtschreibung ist falsch* 😊 *– zumindest bei «Firma» und
«Szene».*

Weisst Du, wie man diese Zahlworte richtig schreibt?

Ausblick und Rätsel

Ganz am Anfang dieses Buches steht: «*Mathematik ist zählen, wer zählen kann, kann auch Mathematik.*»

Und etwas später steht sinngemäss: «*Die Mathematik stellt hauptsächlich Abkürzungen fürs Zählen dar*»:

Die Einer-Reihe entspricht dem Zählen, die Zweier-Reihe entspricht dem gehüpften Zählen, Die Dreier-Reihe überhüpft gleich 2 Schritte und so ging es weiter.

Die nächste Ebene, die nächsthöhere Dimension hat sich beim binären Zählen angekündigt: Dort springt man am Schnellsten von Einern zu Zweiern zu Vierern zu Achtern, wo man bei der Zehner-Reihe 10 Ziffern (von 0 bis 9) durchzählen muss, bis man vorne eine neue Stelle anfügen muss: Zuerst der Einer, dann der Zehner, dann der Hunderter, dann der Tausender und so weiter.

Die nächsthöhere Rechnungsebene macht genau das, und das nennt sich potenzieren, in mathematischer Sprache sagt man dann «2 hoch 3», wenn man 2x2x2 rechnet (also 3mal hintereinander mal rechnet):

Diese Sequenz, diese Abfolge sieht dann so aus:

Von **1** geht's auf 2	(mal 2)	2 hoch 1
Von **2** auf 4	(mal 2)	2 hoch 2
Von **4** auf 8	(mal 2)	2 hoch 3
Von **8** auf 16	(mal 2)	2 hoch 4
Von **16** auf 32	(mal 2)	2 hoch 5
Von **32** auf 64	(mal 2)	2 hoch 6

Und so weiter.. unendlich hoch.

Oder bei den 3er-Potenzen siehts dann so aus:

Von **1** geht's auf 3	(mal 3)	3 hoch 1
Von **3** auf 9	(mal 3)	3 hoch 2
Von **9** auf 27	(mal 3)	3 hoch 3
Von **27** auf 81	(mal 3)	3 hoch 4
Von **81** auf 243	(mal 3)	3 hoch 5
Von **243** auf 729	(mal 3)	3 hoch 6
Von **729** auf 2187	(mal 3)	3 hoch 7

Und so weiter.. unendlich hoch.

Als Ausblick reicht das schon.

Und sogar die erste Reihe reicht schon, dass Du das folgende Rätsel lösen kannst.

Tagebuch:

Tag 1: Bei einem geheimnisvollen Schloss im Wald, da liegt ein magischer See. Da ist eine Seerose aufgetaucht.

Tag 2: Am zweiten Tag, da sind es schon 2 Seerosen. Die Frösche freuen sich. Quak. Quak.

Tag 3: Am dritten Tag haben sich die Seerosen schon wieder vermehrt, jetzt sind es 4 Seerosen.

Tag 4: Am vierten Tag hat sich die Anzahl der Seerosen nochmals verdoppelt: Jetzt sind es 8 Seerosen.

Tag 5: Am fünften Tag sind es 16 Seerosen: Immer über Nacht verdoppelt sich jede Seerose, und damit brauchen die Seerosen auch jeden Tag doppelt so viel Platz wie am letzten Tag.

Die Rätselfrage ist: Wenn am letzten Tag der Teich voll ist mit Seerosen, wie viele Seerosen waren am vorletzten Tag da?

Während Du dieses Buch gelesen hast, hab ich weitergeschrieben.

Weiter geht es mit Wissen darum, wie Du Dir Sachen merken kannst, Ziffernfolgen, Einkaufslisten und vieles mehr.

Und noch weiter geht es, dass wir uns die Wörter anschauen, die in Deutsch am Meisten falsch geschrieben werden und uns ganz einfach und mit Spass merken, wie man die richtig schreibt.

Und wer Lust hat, in einer Telegram-Gruppe aktiv zu sein, welche neue Schulen und Lernmethoden vorstellt, der findet diese unter dem Namen *«Lernen mit Freude»*.

Deine Erfahrungen, Ergänzungen, Korrekturen, Dein Feedback, Deine Freude und Deine Kritik empfange ich gern unter david.barfuss@protonmail.com – so gelingt es uns gemeinsam, dieses Wissen weiterzuentwickeln, zu verfeinern und zu verschönern.

Also, bis bald,

David

Quellen

Eine Menge Inspiration und Erkenntnisse für dieses Buch stammen von **Vera F. Birkenbihl** selig.

Auch **Christian Opitz** hat dazu beigetragen, insbesondere ganz am Anfang, wo ich darauf eingehe, wie man am Besten lernt.

Die Inspiration der Stickers kommt von den Webseiten:

- engineeringdiscoveries.com,
- mathandmovement.com
- und blockdesign.co.uk.

Leider liefern alle Lieferanten nicht in Deutsch und nicht nach Europa, weshalb wir diese Lücke füllen.

Für Deine Notizen:

_____

_____

_____

_____

_____

_____

_____

_____

Für Deine Notizen:

_____

_____

_____

_____

_____

_____

_____

_____